**"十四五"国家重点出版物出版规划项目**

书一香

国家出版基金项目
NATIONAL PUBLICATION FOUNDATION

# 泰国
## 职业教育研究

王珩安　著

**外语教学与研究出版社**
FOREIGN LANGUAGE TEACHING AND RESEARCH PRESS
北京 BEIJING

**图书在版编目（CIP）数据**

泰国职业教育研究 / 王珩安著． —— 北京：外语教学与研究出版社，2024．10.
（现代职业教育发展国别研究丛书 / 米靖总主编）． —— ISBN 978-7-5213-5834-6

I．G719.336

中国国家版本馆 CIP 数据核字第 2024EA7085 号

泰国职业教育研究
TAIGUO ZHIYE JIAOYU YANJIU

出 版 人　王　芳
项目负责　李淑静
责任编辑　牛贵华
责任校对　李　辉
封面设计　范晔文　彩奇风
出版发行　外语教学与研究出版社
社　　址　北京市西三环北路 19 号（100089）
网　　址　https://www.fltrp.com
印　　刷　北京捷迅佳彩印刷有限公司
开　　本　710×1000　1/16
印　　张　11.5
字　　数　186 千字
版　　次　2024 年 10 月第 1 版
印　　次　2024 年 10 月第 1 次印刷
书　　号　ISBN 978-7-5213-5834-6
定　　价　51.00 元

如有图书采购需求，图书内容或印刷装订等问题，侵权、盗版书籍等线索，请拨打以下电话或关注官方服务号：
客服电话：400 898 7008
官方服务号：微信搜索并关注公众号"外研社官方服务号"
外研社购书网址：https://fltrp.tmall.com

物料号：358340001

# 总序

当前，世界处于百年未有之大变局，经济全球化发展的巨变进一步推动全球治理体系的变革。职业教育作为一种与社会经济发展密切相关的活动，既能助力社会经济发展，也会受社会经济发展新态势的影响而不断转型变革。经济全球化使人才市场趋向国际化，世界性的人才供给市场正在形成，作为人才供给端的职业教育正在形成全球治理的新格局。世界职业教育发展进入一种"共生、共享"的新格局。职业教育对外交流合作的水平和程度成为一国职业教育能否高质量发展的重要标志，在坚持和扩大教育对外开放政策和"一带一路"倡议指引下，中国职业教育对外交流合作呈蓬勃发展之势。打造中国特色职业教育品牌，融入全球职业教育治理新格局，亟须加强职业教育国别研究。

2022年，教育部在天津举办首届世界职业技术教育发展大会，以"互学互鉴、共商共享"为理念，促进职业教育的国际交流与合作。大会作为促进职业教育国际交流与合作的新平台，作为推动我国同世界互学互鉴、交流分享职业教育发展的重大活动，其可持续性影响力的传播有赖于对大会成果进行持续的研究、转化和推广。因此，出版一套"现代职业教育发展国别研究丛书"非常必要，对于扩大大会的影响力，推动大会成果落实落地，增强中国职业教育的国际话语权，提升我国同世界职教的对话能力具有重要价值。

基于上述考虑，天津职业技术师范大学职业教育学院团队牵头，组织校内外相关人员组成的编写团队进行多次研讨论证，统一编写理念，凝聚编写思路，全力打造了本套"现代职业教育发展国别研究丛书"，旨在共享他国职业教育治理模式。本丛书主要围绕"一带一路"共建国家及其他相关国家和区域的职业教育发展历程及现状，策划了《英国职业教育研究》

《德国职业教育研究》《泰国职业教育研究》《瑞士职业教育研究》《葡萄牙职业教育研究》《印度职业教育研究》《柬埔寨职业教育研究》《巴基斯坦职业教育研究》《南非职业教育研究》《印度尼西亚职业教育研究》《埃塞俄比亚职业教育研究》《新加坡职业教育研究》《埃及、摩洛哥职业教育研究》《俄罗斯、塔吉克斯坦、哈萨克斯坦、乌兹别克斯坦职业教育研究》《西非四国（尼日利亚、科特迪瓦、加纳、马里）职业教育研究》15 本著作。各书主要围绕各国概况（包括该国的历史、政治、经济、社会、人口、产业、劳动力市场发展情况等）、教育体系、职业教育和培训体系、职业教育治理机制（包括职业教育立法体系、职业教育管理机构和机制、经费支持、职业教育政策发展、国家资格框架等）、职业教育教师培养及培训、职业教育机构教学模式与方法、职业教育国际交流与合作等方面的内容进行撰写。

本丛书的总体编写思路如下：一是突出各国职业教育发展的特色，对各国职业教育的研究求同存异，既找出其共性的普遍发展规律，也彰显出各国的独特性；二是挖掘各国职业教育背后的社会经济、文化传统、制度体系等因素，跳出职业教育来审视职业教育，克服就职业教育而谈职业教育的状况，将职业教育放在国家整体发展的格局中来审视，分析各国职业教育背后相关因素的作用；三是揭示各国职业教育发展的内在规律，分析各国职业教育发展情况的根本意义在于为全球贡献可供借鉴推广的一般性内在规律，促进全球职业教育的共进发展。

为高质量打造本丛书，我们组织了一支优秀的团队，以天津职业技术师范大学的青年教师为主，同时协同了校外和境外的专家学者，他们拥有深厚的职业教育研究功底，具有较为丰富的国际职业教育研修经历，很好地保障了丛书的撰写质量。丛书撰写的过程中，我们多次召开研讨会，在编写思路、写作规范和成文风格等方面互相碰撞，不断打磨，形成了统一的范式，也绽放了各自的个性，在规范化和个性化之间保持了张力。

本丛书的出版得到了外语教学与研究出版社的大力支持，外语教学与研究出版社面向国际，近年来特别关注职业教育领域的选题和项目，以积极开放的态度服务中国职业教育对外交流合作。在此，特别感谢外语教学与研究出版社的策划及编辑团队，相信本丛书在外语教学与研究出版社出版，必将更加大放异彩。

我们坚信，在中国职业教育对外合作交流的大格局中，"现代职业教育发展国别研究丛书"将成为理解世界各国职业教育发展现状的桥梁和彰显我国综合国力、文化软实力的载体，为构筑"人类命运共同体"贡献独特的力量。

"现代职业教育发展国别研究丛书"编写组

2022 年 7 月

# 前言

习近平总书记致首届世界职业技术教育发展大会的贺信中提到，中方愿同世界各国一道，加强互学互鉴、共建共享，携手落实全球发展倡议，为加快落实联合国 2030 年可持续发展议程贡献力量。加强职业教育国际交流合作并提升我国职业教育国际话语传播效能，是培育全球发展新动能、引领国际职业教育改革发展的重要举措。鲁班工坊作为天津率先主导推进实施的中国职业教育国际知名品牌，对于助力共建"一带一路"以及构建人类命运共同体而言都有着十分重要的意义。在世界范围内推广鲁班工坊，既是落实党的二十大精神、在职业教育领域提升我国国际话语权的关键举措，也是向世界传播中国职教方案、中国职教智慧、中国职教声音的重要依托。泰国是世界上首个建设鲁班工坊的国家，其创新"一坊两中心"建设模式，发展定位准确，建设规划科学，严格遵循鲁班工坊的内涵标准要求，是我国职业教育标准、模式走出去的典范。同样，泰国鲁班工坊服务共建"一带一路"并反哺天津经济发展，也为我国职业教育国际交流合作提供了一种可借鉴、可推广的优质模式。我们研究泰国职业教育，不仅是对一个国家职业教育的体系和发展进行学术探讨，更是将泰国作为首个鲁班工坊建成国、"一带一路"共建国家典型进行研究，探索中国职教话语向世界传播的基本模式，以及如何结合其他国家的风土民情、文化底蕴、社会现状来更好地开展职业教育国际交流合作。

本书共八章，采用"总分总"的结构。第一章属于"总"，对泰国教育体系的发展脉络进行梳理。第二章到第七章属于"分"，分别从泰国职业教育的社会基础与实践现状、制度体系、校企合作、国家资历框架、国际化的战略布局，以及鲁班工坊建设的角度深入研究泰国职业教育。第八章回归"总"，对泰国职业教育特色与经验进行总结，分析泰国职业教育目前面临的问题挑战以及未来提质培优的发展方向。

第一章是对泰国教育体系发展脉络的整体梳理。通过探讨泰国教育体系的发展脉络，既能够明确泰国教育系统与其他系统协同发展的整体社会情况，也能够深入理解职业教育在泰国所处的地位，尤其是职业教育在泰国整体教育体系中的特殊地位，这对于我们后续深入探讨泰国职业教育体系的现状、特色、发展等有着重要的奠基作用。

第二章是对泰国职业教育体系的整体研究。在充分理解泰国职业教育所植根的社会土壤的基础上，进一步对泰国职业教育的实践现状进行研究探讨，明确其体系架构和组织实施方式。

第三章聚焦泰国职业教育的制度体系。制度是推进职业教育事业发展的重要因素，通过研究泰国职业教育的制度体系，尤其是研究泰国多元化、跨界性的制度设计，有助于深入了解泰国职业教育体系如何实现有效运行，如何实现与经济社会发展以及产业转型升级的良好互动关系。

第四章分析泰国职业教育的校企合作基础与实践。校企合作是职业教育的关键，不同的职业教育模式终究都离不开校企合作的支撑。本章通过政策、理论、实践等视角清晰呈现泰国校企合作的整体布局和实践模式，进一步突出泰国职业教育的特点。

第五章聚焦泰国职业教育的国家资历框架。通过研究泰国职业教育国家资历框架，能够更好地了解泰国职业教育和普通教育之间的融通关系，以及泰国职业教育和劳动力市场之间的相互对接关系。

第六章瞄准泰国职业教育国际化的战略布局。主要研究泰国如何在职业教育国际化的过程中与其他国家开展交流合作，实现国际产能合作，共同推进职业教育协同发展的格局。

第七章深度聚焦鲁班工坊建设。泰国作为首个鲁班工坊建成国，是率先落实鲁班工坊理论内核和建设方案的最为鲜活的实践案例。泰国在鲁班工坊建设的过程中不仅很好地诠释了鲁班工坊的独特内涵，也结合本土特征形成了特色模式和标杆范式。对泰国鲁班工坊的研究，就是对泰国职业教育发展中的一种典型模式的分析。

第八章总结泰国职业教育的特色优势、问题挑战和提质培优发展方向。职业教育前途广阔、大有可为，泰国职业教育亦是如此。泰国在职业教育的历史实践中形成了丰富的经验与特色，同时也面临着时代提出的问题和挑战，如何应对这些问题和挑战，明确泰国职业教育未来的发展方向，是本书对泰国职业教育整体情况和发展前景的总结。

本书在撰写过程中力求呈现泰国职业教育最为本真的图景，也力求尽可能全面地覆盖泰国职业教育所聚焦的最核心的问题领域，更加重视在已有资料的基础上对泰国职业教育体系进行深入分析。然而，泰国职业教育终究是一个复杂程度相对较高的系统，虽然本书试图尽可能全面、深入、系统地呈现泰国职业教育框架，但这种呈现无疑也只是一个初步探索的过程，希望借此尽可能地深化学界对泰国职业教育的认知，尽可能地为学界进一步深入研究泰国职业教育奠定一些基础。因此，本书实质上是为后续的泰国职业教育研究"抛砖引玉"，也相信未来的泰国职业教育研究将呈现出更加全面、更加系统的特征，同时希望本书能够为职业教育领域的研究人员、政策制定者、教育工作者以及所有关心职业教育发展的各界人士提供一定的参考。

王珩安

2024 年 8 月于天津职业技术师范大学

# 目录

# 第一章
# 泰国教育体系的发展脉络

职业教育是一种特殊的教育类型，由于其与经济社会发展紧密相连，且与产业转型升级之间存在相互促进的关系，故形成了开放性的独立体系。同时，职业教育体系是国民教育体系的有机组成部分，教育的发展与变化必然会直接影响职业教育的发展。此外，教育本身也不是一个完全封闭的系统，它与政治、经济、文化等其他系统之间有着相互依存的关系。因此，通过梳理泰国教育体系的发展脉络，既能够明确泰国的教育系统与政治、经济、文化等其他系统协同发展的整体社会情况，也能够深入理解职业教育在泰国所处的地位，尤其是职业教育在泰国教育体系中的特殊地位，这对于我们后续深入探讨泰国职业教育体系的现状、特色、发展等有着重要的奠基作用。

目前，学界普遍认为，1238年素可泰王朝的正式建立，标志着泰国成为一个相对比较统一的国家。当然，从泰族民族史的角度来看，泰族的政权建立其实是较早的，但素可泰王朝的建立在泰国历史上具有十分重要的意义，因为"素可泰王朝奠定了现代泰国的立国基础"，[①]也为泰国经济、文化等各个系统的发展奠定了稳定的基础。同时，从教育的角度

---

① 段立生. 泰国通史［M］. 上海：上海社会科学院出版社，2014：39.

来看，泰国的教育也是在素可泰王朝时期开始逐步发展的。要想真正了解一个国家整体的教育体系，深入认识一个国家的教育，必须要从它的源头和历史脉络中去把握，如同我们要想了解中国教育、中国职业教育的精髓和本质就必须要"彻底把握住它的源头和流淌了五千年的活水"[①]一样，要想真正了解泰国教育体系和职业教育体系是如何形成、如何发展的，就必须追溯泰国教育与职业教育发展的源头与轨迹。泰国教育部（Ministry of Education）提出，泰国的教育历史可以分为"早期发展"（Early Development）、"改革与现代化"（Reform and Modernization）和"建立教育部"（The Emergence of the Ministry of Education）三个时期。[②] 在此基础上，我们对泰国教育发展历史进行详细梳理，进一步明确泰国教育发展过程中的历史节点与标志事件。从素可泰王朝成立至今，泰国教育发展历史主要可分为奠基期、改革期、规范期、变革期、发展期和成熟期六个阶段：自素可泰王朝开启传统教育时代，直至曼谷王朝拉玛三世在位期间，都是泰国传统教育的奠基期；拉玛四世开始主动向西方学习开启了教育体制改革，拉玛五世主导设立教育局则推动了泰国教育规范化管理和运营，拉玛六世继承改革理念促使泰国教育体系层次逐步丰富，泰国教育经过了改革期和规范期的新阶段；1932 年泰国从君主专制国家转变为君主立宪制国家，带动了教育体系的再一次变革，进一步推动了全民教育进程、教育与经济社会联动发展进程以及教育国际化进程；第二次世界大战结束之后，战后重建的希望落在了教育体系上，在泰国政府的支持与推动下，教育体系得到进一步的发展并服务社会，泰国政府从 1960 年开始通过加强顶层设计，完善组织架构，推动了教育发展的新进程；1999 年泰国出台《国家教育法》，进一步加强了对泰国教育发展的权威支撑，泰国政府更是在步入 21 世纪后多措并举，不断推动泰国教育向着提质培优的道路迈进。

---

① 顾明远. 中国教育的文化基础 [M]. 太原：山西教育出版社，2004：1.

② Ministry of Education. Education in Thailand：History in the Making [EB/OL]. [2023–03–01]. http://www.moe.go.th/main2/article/e-hist01.htm#e-sch.3.

# 第一节　奠基期：泰国传统教育的发端（1238—1851 年）

自 1238 年泰族人正式建立素可泰王朝之后，泰国的教育正式发端。严格来讲，素可泰王朝并不是泰族人建立的第一个国家，在素可泰王朝建立之前，泰国区域内也有很多部族、部落、联盟之类的组织，但因为受到周边国家的影响，其体制、文化、教育等并没有完全成形，而素可泰王朝的建立意味着泰国开始从部族、部落、联盟逐步向着一个完整的国家过渡，[①] 泰国的政治、经济、文化、教育等子系统也逐步走向正规，迈入发展的道路。教育是一个国家的文明符号，虽然在素可泰王朝建立之前，泰国区域内也有广义上的教育活动，但它代表的是各个部族、部落、联盟的文明，因此从严格意义上来讲，我们在追溯泰国教育历史的起点时，一般会从素可泰王朝建立之后开始研究。

在泰文中，"教育"的词源是希望让人具有某种能力，教育主要指的是一个人的智慧和能力不断发展和成熟的过程。当然，教育活动是有目的、有计划、有组织的，也是需要充分发挥学习者的主观能动性的，要实现教育促进人的智慧和能力不断发展、成熟这一目标，必然要和学习者的学习过程结合起来。泰国的正规教育指的是一种全面发展的教育，旨在让人获得知识、技能、精神、性格、价值观、责任感等各方面的提升，并且能够支持家庭运营与发展。在泰国没有完全建立正规的学校系统之前，相对比较正规的教育一般只有皇室或贵族家庭的子弟才有机会享受。[②]

素可泰王朝在第三任国王兰甘亨（Ram Kamhaeng）统治期间（1279—1298 年）达到了鼎盛时期。兰甘亨国王基于孟文（Mon）和高棉文（Khmer）创造了泰文文字，并发明了泰文字母表，这就使得泰国人能够用文字更好地记录泰国发展的历史，[③] 例如兰甘亨石碑上便用这种文字记录了素可泰

---

① 陈晖，熊韬，聂雯. 泰国文化概论［M］. 广州：世界图书出版广东有限公司，2014：57.

② Gerald W. Fry. Education in Thailand：An Old Elephant in Search of a New Mahout［M］. Singapore：Springer Nature Singapore Pte Ltd.，2018：4.

③ 田禾，周方冶. 泰国［M］. 北京：社会科学文献出版社，2005：84.

王朝初期的教育情况。根据教育地点和教育对象的不同，素可泰王朝时期的教育一般可以分为宫廷教育和寺院教育两种，这两种教育之间一般不会交叉重合，是相对独立的两套教育体系，宫廷教育不会惠及平民，一般的王公贵族子弟也不会去寺院接受教育。[①] 泰国的宫廷教育主要面向统治阶级的子女，向王公贵族子弟传授宫廷礼仪、宫廷文化和治理国家的权术等，一方面是为了提升王公贵族子弟的文化修养和礼仪水平，另一方面也是为了更好地维护统治阶级的利益。泰国的寺院教育主要面向平民家庭的子女，学校就设在寺院中，由寺院中的僧人进行日常教育教学。泰国的佛教文化十分盛行，并对泰国文化产生了十分重要的影响，泰国90％以上的民众信仰佛教，泰国的节日中有很多佛教节日，寺院遍布全国，寺院会提供一定的教育活动，这也是泰国自古以来的文化特征。换言之，研究泰国的教育，势必无法避开泰国的佛教文化。在素可泰王朝时期，寺院教育一方面向平民传授佛教教义，使其接受礼仪、道德、宗教方面的教育，这对于维系素可泰王朝的社会稳定有着十分重要的意义；另一方面，也向平民传授一些基本的文化知识、沟通交际技巧以及手工技艺，当然最主要的还是传授一些农业相关的技术技能。因为泰国本身是一个农业社会，其国民大部分是农民，普通的泰国民众最需要的并不是学习文化知识等，他们更在意的是自己的子女未来能够从事什么职业、掌握什么技艺，因此学习农业劳动的技术技能是泰国平民一项很重要的需求。也就是说，寺院教育主要包括宗教教育和技艺类的教育。在这样的背景下，宫廷教育和寺院教育就形成了分割状态，其面向的阶层以及所培养的目标阶层都是不同的，这在很大程度上进一步固化了泰国的阶层划分，对于泰国当时的统治阶级而言显然是十分有利的。素可泰王朝时期，有很多家庭把孩子送到亲戚家去做学徒，在学习各类职业技能的同时还便于很好地维系亲属关系，这也是当时的平民家庭中比较流行的一种做法。[②]

总体而言，泰国的教育教学活动在这一时期尚未形成类似学校教育这种固定体制，也没有固定的教室，想学的人就可以学，能教的人就可以

---

① 石筠弢，等. 泰国文化教育研究［M］. 北京：外语教学与研究出版社，2023：47.

② Chalio Buripakdi and Pratern Mahakhan. Thailand［M］. Oxford：Pergamon Press，1980：230.

教，教授方式一般是口口相传或学徒跟随训练等，并没有固定的教材教法。这一时期教育的内容大致可以分为三类。第一类是通识性的知识教学，主要是语言学习。第二类是技艺的教学，主要是以家族、家庭来传承，如果祖辈都从事农业劳动，那么子女也跟着学习农业劳动技能；除日常生活所需的技艺之外，也有其他类型的技艺教学，例如面向军人所教授的自卫技能、武术技能、武器使用技能、驾驭动物作战技能等。第三类主要是礼仪文化类的教学，王公贵族子弟接受宫廷礼仪、宫廷文化和治理国家的权术等各方面的教育能够持续传承宫廷"基因"，进一步推动阶层固化。对于平民而言，无论是通过家庭还是寺院的教育来接受技艺训练，这一教育过程其实都表现出了职业教育的典型特征。而王公贵族子弟接受的是宫廷教育，他们不会与平民共同接受寺院教育，这样看来，在泰国的传统观念里就已经存在着职业教育地位不高、容易被轻视的情况。

大城王朝时期（1350—1767年）和吞武里王朝时期（1767—1782年）的教育体系与素可泰王朝时期比较相似，改变不大，王公贵族子弟与平民子弟依旧接受相应的宫廷教育或寺院教育，甚至到曼谷王朝早期（拉玛一世到拉玛三世，1782—1851年）依旧延续了这种教育结构，故它们同属于泰国教育发展的一个历史阶段。当然，在不同的王朝时期也存在着一些不同之处，例如大城王朝时期的教育活动开始引入教材，《金达玛尼》（Chindamani）被普遍认为是第一本泰语教科书，也是当时最为权威的教科书，这本书甚至到了拉玛五世朱拉隆功国王（Rama V，Chulalongkorn，1868—1910年统治曼谷王朝）在位期间仍在使用。这三个王朝时期的教育，尤其是宫廷教育，以学术性的教育为主，教育内容包括通识教育、语言、道德伦理、统治权术等，职业教育则存在于家庭教育或学徒训练的过程中。对于普通民众而言，在寺院学校可以学习雕刻等专业技术，接受各类学徒训练，习得一些技能。

大城王朝时期，已经有西方传教士在泰国开设了部分学校，尽管其初衷主要是为了传教，但是这些学校也设置了许多同职业教育与培训相关的内容，例如医学、药学、建筑学等，同时还增设了针对女性的教育，包括编织等。此外，在大城王朝时期，军事教育也受到了高度重视。

吞武里王朝存在的时间不长，只有短短15年，但其国王郑信（也称达信，Taksin）为泰国的宗教、教育的传承与发展奠定了一定的基础。例如在家庭教育和寺院教育方面，郑信提倡教育活动要注重实践，教育教学活动不能仅仅依靠书本中的内容来开展，这种实践性的教学理念也是职业教育发展所必须具备的一种理念。

在曼谷王朝早期，其教育体系虽然和素可泰王朝、大城王朝、吞武里王朝并没有太大差异，但是在宫廷教育中引入了专门的教职人员开展教育教学活动，为王公贵族子弟传授知识，这不同于以往"谁能教谁来教（其中包括国王）"的模式。与此同时，寺院教育也开始逐步确立管理体制机制，向着规范化教育和办学的方向逐步迈进。

总体而言，在传统教育的奠基期，泰国十分重视宗教教育，并且教育存在着非常明显的阶层划分趋势，使得王公贵族和平民百姓之间形成了两套不同的教育体系，同时通过不同的教育来维持着两个阶层的固化，这实质上也是一种教育为政治服务的体现。

# 第二节　改革期：西方教育体系的引入（1851—1887 年）

在传统教育的奠基期，泰国教育的发展是相对比较封闭的，传统教育模式所持续的时间也相对比较长，在封闭的过程中，泰国教育主要为统治阶级服务，并维系泰国社会的稳定。19 世纪，西方帝国主义和殖民主义开始了大范围的扩张，泰国在这一过程中也受到了一定的影响。拉玛三世策陀国王（Rama Ⅲ，Nangklao，1824—1851 年统治曼谷王朝）和拉玛四世蒙固国王（Rama Ⅳ，Mongkut，1851—1868 年统治曼谷王朝）在位期间，来自西方帝国主义和殖民主义的威胁让泰国政府选择按照西方的标准来进行现代化建设，尤其是拉玛四世主动向西方学习，大力推进教育改革，并将西方教育体系正式引入泰国。[①] 我们认为，拉玛四世学习西方的

----

① Gerald W. Fry. Education in Thailand：An Old Elephant in Search of a New Mahout [ M ]. Singapore：Springer Nature Singapore Pte Ltd.，2018：6.

教育改革行动开启了泰国教育的改革期，泰国教育从此正式结束了传统教育阶段，进入近现代教育改革与发展的新的历史时期。

需要说明的是，改革期是以拉玛四世主动学习西方教育模式并正式引入西方教育体系为关键历史节点，而不是以西方教育思潮进入泰国为关键历史节点；拉玛四世主动学习西方的改革举措绝不仅仅只是在西方帝国主义和殖民主义威胁下的一种避免殖民化的策略，同时也是当时西方先进的科学知识和技术不断传入泰国的浪潮下，日渐积累起来的面向现代化、先进科技而进行的一场主动改革。事实上，在大城王朝末期，各类西方知识和技术就已经开始传入泰国，当时的国王秉持开放包容的态度，允许传教士在泰国从事传教活动，在这一过程中也初步引入了造船、天文、医学等方面的先进技术。拉玛四世进一步深化了对西方先进理念和技术的引入，主动学习西方，并和西方国家进行教育交流。拉玛四世首先在宫廷教育中大力推行西方教育体系，引进外籍教师教授数学、科学、天文、历史等科目，例如邀请了英国女教师安娜·李奥诺文斯（Anna Leonowens）为王公贵族子弟教授英语以及其他的近代科学知识。[1] 通过长年积累，宫廷内部也初步形成了主张教育改革的核心团体，逐步推动了泰国教育的改革转型。[2]

拉玛四世在位期间，对西方传教士和西方教育都持开放态度，他非常支持西方传教士向泰国人传授西方的一些思想、理念和技术。在这一过程中，基督教长老会传教士和新教传教士分别在泰国创办了两所学校——王朗学校（Wang Lang School）和曼谷基督教学院（Bangkok Christian College），王朗学校后来发展为泰国知名女校——瓦塔纳威塔亚学校（Wattana Wittaya Academy）。[3] 拉玛四世认为，传统的宫廷教育和寺院教育不能满足泰国社会未来的发展需要，也不能满足泰国政府未来的发展需要，尤其是在英语成为远东通用语之后。于是他要求将英语学习作为教育体系改革中的重要内容，把英语纳入泰国的教育体系中。此外，对泰国教

---

① 段立生. 泰国通史 [M]. 上海：上海社会科学院出版社，2014：178.

② 刘宝存，等. "一带一路"沿线八国国际教育合作与交流政策研究 [M]. 北京：人民出版社，2020：206-207.

③ 阐阅，徐冰娜. 泰国教育制度与政策研究 [M]. 北京：人民出版社，2020：5.

育产生非常重要影响的事件是印刷技术的传入。拉玛四世十分重视西方传教士和商人带来的印刷技术，1858年泰国建立了专门的印刷所，对知识和文化的传播交流起到了重要的推进作用。上述这些都为拉玛五世继续推进泰国教育向西方学习并推动教育改革打下了基础。

拉玛五世在位期间对泰国教育进行了更加深入、系统的改革，在拉玛四世主动学习西方教育理念和技术并引入西方教育体系的基础上，继续向西方学习，推动教育现代化发展进程。拉玛五世和拉玛四世都意识到泰国政府需要重视人才培养，尤其是要重视对年轻一代的培养，不仅要让他们学习英语，也要让他们系统学习王宫、政府机构的运行和管理方式。因此，在1871年，拉玛五世在王宫里专门建立了一所用来培养年轻的王公贵族子弟的学校，这所学校制定了专门的课程体系（课程表），也有专门的教师队伍和校舍，是现代意义上的第一所泰国人办的学校。拉玛五世认为，教育不仅仅是训练子弟们在王宫、政府机构工作的能力，也要拓展他们的视野。随后，泰国政府发布了《关于学校教育的命令宣言》（Command Declaration on Schooling），这标志着泰国的正式教育（即学校教育）的产生。当然，与泰国以往的教育探索相同，学校教育最初仍是在王宫里先行先试，主要服务于精英阶层而非普通民众，但这仍大力推动了学校教育模式在泰国的发展进程。此后，拉玛五世又在王宫里建立了一所英语学校，专门为王室子弟出国进修奠定基础，这种对外的国际化探索也为泰国教育的现代化发展提供了非常大的帮助。

拉玛五世认为，教育不应该仅仅是王公贵族的特权，普及全民教育、提高人民生活水平才是泰国长远发展的重要基础。因此，拉玛五世在泰国建立了一所面向全社会所有民众的公立学校，这一举措彻底打破了传统教育主要为王公贵族、统治阶级服务的格局，也是泰国在学习西方模式的基础上做出的教育改革探索的重要标志。此后，拉玛五世大力倡导兴建学校，进一步扩大泰国教育规模，为普及全民教育奠定了基础。拉玛五世十分重视引进外籍教师，尤其是在专业教育领域，聘请了医生、律师以及各领域工程师等，帮助泰国实现教育和经济社会的协同发展。此外，拉玛五世还通过设立"国王奖学金"，派遣了大量留学生前往英国、法国、德国、美国等国家学习教育理念、教育制度、教育模式等。

总体而言，泰国教育体系从传统教育向近现代教育改革发展，主要是建立在拉玛四世和拉玛五世积极学习西方教育模式的基础之上的，两位国王都认识到了学习西方教育理念和技术的重要性，于是大力推动教育改革，引进西方师资，开设现代学校，传授先进技术，助力学生留学，大力推进了泰国教育的现代化改革进程，促使泰国教育从以往的阶层固化、相对封闭和服务统治阶层，逐步发展为普及全民教育、探索现代教育制度和办学模式。同时，在泰国教育步入现代化改革的进程之后，其改革发展的速度明显提升，相比于传统教育数百年维持相对稳定的状态而言，泰国教育从改革期开始不断学习、改革、创新，一百多年里经历了多个历史发展阶段。

# 第三节 规范期：教育管理体制的形成（1887—1932 年）

由于拉玛四世和拉玛五世积极学习西方教育体系和教育制度，泰国初步形成了现代学校教育的模式，也有了一定的规范化管理意识。例如拉玛五世在王宫里建设的第一所学校中，已经有了教师团队、教学课程安排、独立宿舍等，实质上已经初步探索了学校管理制度，并形成了一个相对比较粗略的雏形。但同时，拉玛五世也意识到，要想真正促进泰国教育的现代化改革发展，必须真正引入现代教育制度，并在全社会范围内进一步普及规范化的教育。因此，在拉玛五世的大力推动下，伴随着 1887 年教育局（Department of Education）的正式成立，泰国教育逐渐进入规范期。1892 年，拉玛五世将教育局改为宗教事务和国民教育部，旨在进一步对教育体系进行改革完善，并在此基础上逐步健全泰国的教育管理体制。

当时的教育局主要负责监督泰国的宗教和教育事务，因为长期以来泰国的教育事业都深深地打上了宗教的烙印。教育局成立之初，下辖首都地区和各省共 34 所学校、81 名教师和 1 994 名学生，其中包括首都地区的 4 所高级学校（advanced school）。教育局的成立，标志着泰国初步建立起了系统化、权威性的教育管理机制，泰国教育不再是以往由宫廷、寺院、家庭来进行自主管理的模式，教育管理开始逐步走向专业化、体系化。在泰国第一所现代学校初步建立了一系列学校管理制度之后，教育局进一步强化了教育管理的制度基础以及教育事业发展的科学安排，教育事业的发展正式进入国家的发展规划当中。

宗教事务和国民教育部正式成立后，开办平民学校的任务被提上泰国教育事业发展的日程。首先，拉玛五世意识到需要让更多的民众能够接受教育，因此需要在泰国范围内尽可能地普及教育，故要求宗教事务和国民教育部开办更多的平民学校。最初的平民学校主要开设在曼谷，一直到1902年，宗教事务和国民教育部派出了2名督学前往各省兴办学校，平民学校才开始逐步在全国范围内普及。教育局成立之初，在校读书的学生仅有1 994名，到了1913年，在校读书的学生总人数已有约12.3万，宗教事务和国民教育部下辖的学校也达到了247所。[①]同时，拉玛五世通过实实在在的改革措施，在泰国建设了大批专业学校，例如军事学校、绘图学校、工程学院、法学院、医学院、邮电学校、商业学校、警察学校等，将专业技能的教育在全社会范围内推广普及，既为泰国民众提供了更多受教育的机会，也为泰国社会各界培养了一批专业化的技术技能人才。

宗教事务和国民教育部出台了一系列与教育相关的政策文件和规划方案，例如于1898年制定了第一个《教育计划》（Education Plan），将泰国的教育体系划分为学前教育、初等教育（小学）、中等教育、技术教育和高等教育等，并初步明确了各层次各类型教育的相关组织和实施事项，包括学校办学、师资队伍等。《教育计划》对曼谷地区和其他各省的教育事业起到了规范性的作用，同时也在泰国全国范围内初步构建起了多层次多类型并存的教育体系。1902年，泰国政府发布了《暹罗国家教育系统》（National System of Education in Siam），将第一个《教育计划》中的教育类型和层次进行了系统的整合与划分，主要分为两大类：理论性、学术性较强的普通教育（general education），应用型、实践性较强的技术教育

---

① 段立生. 泰国通史［M］. 上海：上海社会科学院出版社，2014：186.

（technical education）或专业教育（professional education），这也和当今世界各国的教育体系划分是相吻合的。可以看出，在宗教事务和国民教育部成立之后，通过系统的规划设计和出台相应的政策文件，泰国已经初步搭建了现代教育体系的基本框架。《暹罗国家教育系统》中对学生的入学年龄做了详细的规定，这样有助于激励学生在规定的时间和学制内完成学业。拉玛六世瓦栖拉兀国王（Rama Ⅵ，Vajiravudh，1910—1925年统治曼谷王朝）执政后，于1918年颁布了《私立学校法案》和《泰国民办学校管理条例》，对私立学校、民办学校体系做出规定。①

拉玛五世十分重视女性教育，于1880年建立了一所女子学校Sunanthalai，虽然这所学校在不久之后就关闭了，但它为后来泰国女性教育的普及奠定了基础。拉玛五世的王后绍瓦帕·蓬西（Saovabha Phongsri）用自己的私人资金于1887年在曼谷创办了绍瓦帕女校（Saovabha School for Girls），在绍瓦帕王后的带头示范下，也有很多泰国王室女性开始持续出资捐赠建设女子学校的校舍等。② 1921年，泰国政府正式颁布了《义务初等教育法案》（Compulsory Primary Education Act），规定所有年满7周岁的泰国儿童，无论男女，都要接受4年免费的初等教育，这就让女性能够真正进入教育系统接受教育。此后，泰国又建立了很多免费的公办学校。

拉玛六世执政后，继续鼓励王公贵族子弟出国留学，也继续支持优秀学子出国深造。在高等教育领域，拉玛六世积极吸纳法国和德国的教育模式，于1917年建立了朱拉隆功大学（Chulalongkorn University），下设医学院、法律和政治学院、工程学院、文科和科学学院。朱拉隆功大学的建立标志着泰国高等教育的起源，③泰国自此逐步建立起了类型鲜明、层次丰富的教育体系。

总的来说，拉玛五世通过主动学习西方教育理念和技术，推动了泰国教育的现代化改革，同时也在泰国积极探索现代化的教育体系建设路径，为泰国教育事业的发展做出了突出贡献。为了更好地探索适合泰国的教育

① 张清玲. 泰国教育研究［M］. 南宁：广西教育出版社，2023：29.
② 阚阅，徐冰娜. 泰国教育制度与政策研究［M］. 北京：人民出版社，2020：33.
③ 阚阅，徐冰娜. 泰国教育制度与政策研究［M］. 北京：人民出版社，2020：7.

体系建设路径，拉玛五世曾两次赴欧洲对 14 个国家进行深入考察，一方面学习其他国家的教育制度和体系，另一方面和英国、德国、法国等多国建立了良好的外交关系。在拉玛五世的力推下，泰国逐步形成了以宗教事务和国民教育部为主导的教育管理体系，出台了很多规范性的政策文件，为泰国教育体系的分类运行提供了权威专业的顶层设计，也促使泰国现代教育体系初步成形。同时，拉玛五世在全国范围内大力兴办学校，普及教育，使得泰国教育事业在短短几十年的时间里实现了飞跃式的发展，各类专业学校的开办也为泰国民众的技术技能训练提供了很好的平台。拉玛六世继承拉玛五世的改革理念，继续在泰国教育体系和学校建设方面进行改革发展，并创建了泰国第一所高等教育学校。在这一历史时期，在几任国王的领导、宗教事务和国民教育部的牵头推动下，泰国的教育体系逐步走上正轨，形成了规范化的教育管理体制。

## 第四节　变革期：泰国教育制度的变化（1932—1960 年）

　　1929—1933 年，世界经济危机给被纳入世界资本主义经济体系的泰国带来了沉重打击，泰国的经济遭遇重大危机，持续的经济危机不可避免地导致了政治危机。1932 年，由泰国人民党发动的政变推翻了自素可泰王朝以来长期的君主专制的政治体制，泰国走上了君主立宪的道路。[①]一个国家的教育和该国的政治、经济、文化等各个系统之间是相辅相成、相互依存的关系，政治体制的变化必然导致教育制度的变化。新政体的出现，为泰国教育事业的发展带来了新的思路。新政体建立后，宪法规定只有识字的人才能参加政治选举，这一规定有效地倒逼泰国教育更加普及化。[②]宪法还规定，泰国国民需要完成 4 年的小学教育。1932 年颁布的《国家教

---

① 段立生. 泰国通史［M］. 上海：上海社会科学院出版社，2014：226.
② 田禾，周方冶. 泰国［M］. 北京：社会科学文献出版社，2005：310.

育计划》（National Education Scheme）规定，所有人，无论性别、社会背景和身体状况，都有接受教育的权利，这为泰国普及全民教育奠定了重要的基础。1933 年，泰国进一步提出了扩大教育机会的发展原则，继续强调要推进全民教育。1936 年，泰国再次对《国家教育计划》进行完善，提出要"使每个公民都有权接受教育，以充分实现每个公民的民主权利"[①]。此外，泰国政府也认识到，教育必须和经济社会发展的需求充分结合，适应工业化、现代化的发展方向，[②]进而提出了要完善职业教育、成人教育体系的目标，例如在 1951 年颁布的《教育计划》中就提出要推进特殊教育和成人教育发展。1951 年，泰国加入联合国教科文组织，开启了泰国教育持续和国际社会合作、对接国际标准、引入国际优质资源的新篇章。

总的来说，在新政体建立之后，泰国进行了教育制度的改革，明确每个公民都有权利接受教育，进一步推进了全民教育进程，并且进一步完善了学前教育、初等教育、中等教育、大学预科教育和高等教育等五个层次的教育体系。此外，加入联合国教科文组织，为泰国持续获得国际社会的帮助、参与国际教育合作、获得国际教育资源奠定了重要基础。新政体将教育作为一种长远的投资，充分考虑到教育对于政治、经济、社会发展的重要意义，初步提出要将教育和经济社会发展的需求紧密结合，这也是维护新政体政治稳定的重要举措。


# 第五节　发展期：教育重振社会的使命
## （1960—1999 年）

第二次世界大战之后，泰国政府面临着重振经济社会发展的重大任务，于是开始实行经济建设计划，推动政治、经济和社会的发展，并成立了国家教育委员会（National Education Commission）。在这一历史阶段，

---

① 段立生. 泰国通史［M］. 上海：上海社会科学院出版社，2014：294.
② Trevor William George Miller. Education in South-East Asia［M］. Sydney：Ian Novak，1968：138.

泰国教育的主要任务和战略方向就是服务经济社会发展，实现战后经济的快速恢复与社会的持续发展。当然，教育助力经济社会发展的理念和愿景并不是在这个时期才提出的，拉玛五世引进西方技术与理念、兴办学校，新政体为了维护政治稳定而引导教育向着服务政治经济的方向发展，这些都为泰国在第二次世界大战之后通过教育重振社会、促进发展奠定了思想上的基础。在教育部的牵头推动下，泰国完成了一系列的教育计划、发展规划，为其教育和经济社会的联动发展奠定了坚实的政策基础。直至今天，泰国教育仍然在经济社会发展过程中起着不可替代的重要作用。

在这一历史阶段，泰国一方面重视顶层设计，尤其是出台各类发展规划，为泰国教育的发展以及教育助力经济社会发展提供了优质的顶层设计。1960 年，为了更加精准地对接经济社会发展的需求，泰国对《国家教育计划》做出了新的调整，新版《国家教育计划》包括了德育、体育、智育和实践教育四个主要部分，尤其是在实践教育方面，泰国提出要重点培育人的职业精神与职业技能，其中也涉及职业教育的技能培养和职业精神养成，这为泰国的职业教育发展奠定了重要基础。泰国将中小学的学制改成了"4—3—3—2"，其中小学分为 4 年的初级小学和 3 年的高级小学，以此来延长初等教育年限，旨在尽可能地改变文盲过多的困境，助力泰国教育文化水平提升；中等教育层面，泰国提出要增强中等教育的灵活性，通过短时间、多样化的教育尽快满足学生才智增长以及社会发展的需求，使学生能够更好地适应社会的快速发展。此后的 6 年中，《国家教育计划》成为泰国全面发展计划的重要组成部分，与其他系统（政治、经济、社会等）的发展计划协同推进泰国全面发展。1960 年调整后的《国家教育计划》为泰国完善教育体系、明确教育总体目标奠定了基础。1966 年，泰国开始持续化、周期性地实施教育发展的五年计划，其第一个五年计划的发展重点是中等职业教育，第二个五年计划的发展重点是开放大学。1971 年，泰国第一所开放大学——兰甘亨大学（Ramkhamhaeng University）正式建立，1978 年第二所开放大学——素可泰塔马斯莱特开放大学（Sukhothai Thammathirat Open University）建立。[①] 1982 年，泰国

---

① 阙阅，徐冰娜. 泰国教育制度与政策研究［M］. 北京：人民出版社，2020：10.

正式实施《第五个国民经济和社会发展计划（1982—1986 年）》（The Fifth National Economic and Social Development Plan（1982—1986）），《国家教育发展计划》（National Education Development Plan）是其中的重要组成部分，旨在把泰国教育的发展真正和经济社会发展的需求深度融合起来，实现教育和经济社会的联动发展。《国家教育发展计划》对泰国教育的推进力度很大，教育事业的发展也得到了各部门各组织的大力支持，但是教育发展进程却一直难以满足泰国人民和经济社会发展的需要，故 1992 年在《第七个国家教育发展计划》中强调教育要面向经济社会发展的需要，并提出要培养具备适当技能的人才，同时加大对社会特殊群体、弱势群体的教育保障力度，进一步推进全民教育。

另一方面，泰国十分重视教育管理机制的完善，尤其是组织架构的改革。1966 年，泰国推动简政放权，将曼谷之外的市办小学的管辖权下放给了各省的行政委员会（Administrative Council）。泰国在 1974 年和 1975 年分别专门安排教育改革框架制定委员会（Committee for Establishing Framework for Educational Reform）和教育改革委员会（Educational Reform Committee）进行教育制度的修订改革，以期能够更好地完善教育体系架构。其中一项改革措施就是于 1977 年对《国家教育计划》进行修改，将初等教育的学制从 7 年变成 6 年，加快了普及初等教育的进程。在组织架构方面，泰国在 20 世纪 70 年代进一步加强了教育行政管理方面的改革，并且细化了部门分属的管辖范围，完善了各类教育的专项管理模式。例如，农村地区的初等教育和地方的市政教育（Local Municipal Education）由内政部（Ministry of Interior）负责管辖，中等教育、职业教育、教师培训、私立教育和成人教育由教育部负责管辖，高等教育由大学事务部（Ministry of University Affairs）负责管辖，教育政策和教育规划方面的顶层设计工作则是由总理办公室下设的国家教育委员会直接负责。1980 年，整个初等教育体系也被纳入教育部的管辖范围。此后，泰国教育部针对初等教育体系的改革与完善提出了部分发展对策，例如在农村初等教育方面，泰国教育部提出进一步扩大农村初等教育的覆盖面，并在小学教育之后继续落实 3 年初中教育，这进一步扩大了初等教育的覆盖面和初中教育的入学率。①1977 年，泰国政府正式实施"6—3—3"的新学制，一方面加快了初等教育的普及速度，另一方面使得农村地区原来只能接受 4 年初等教育的学生能够更完整地接受 6 年初等教育。时至今日，泰国教育体系依旧延用着"6—3—3"学制。②

总体而言，在这一历史时期，泰国教育的关键任务是和经济社会发展联动，助力经济社会快速发展，主要通过以政策文件、计划规划为主的顶层设计和组织架构改革来实现。在这一过程中，取得了一定的改革成效，在一定程度上推动了泰国经济社会发展。但在这一时期，泰国教育和经济社会联动发展的模式还处在探索阶段，因此泰国教育和经济社会之间的耦合程度与协同程度还有所不足，这也为后续的泰国教育体系完善指明了方向。

# 第六节　成熟期：泰国教育体系的完善（1999 年至今）

信息技术的快速发展为泰国教育带来了新的机遇和挑战：一方面，泰国意识到教育质量的下降无法满足信息时代经济社会快速发展和产业转型升级的要求，泰国社会各界对教育的未来发展开始进行反思；另一方面，泰国进一步认识到教育和经济社会协同发展的重要意义以及 21 世纪的发展契机，并基于以往教育改革发展的成果和经验，开始为 21 世纪泰国教育事业谋划发展路径。1999 年，泰国颁布实施《国家教育法》，这是自拉玛五世在国家层面设立教育行政管理部门之后泰国最重要的一次教育改革事件。《国家教育法》的实施拉开了泰国 21 世纪教育发展的帷幕，也是泰国教育体系逐步完善、日趋成熟的重要历史起点。在这一历史阶段，泰国教育体系愈发规范、健全，各级各类教育逐步成形、质量日渐提升，教育

---

① 张清玲. 泰国教育研究 [M]. 南宁：广西教育出版社，2023：31.
② Office of the Education Council. Education in Thailand [M]. Bangkok：Ministry of Education，2017：3.

国际化水平和服务经济社会发展能力水平不断提高。具体来看，自 1999 年至今，泰国教育体系的发展与完善情况可从以下四个方面来描述。

第一，教育制度体系逐渐成形。1999 年泰国《国家教育法》的正式颁布实施，意味着泰国的教育制度体系在此前政策文件的基础上加入了法律法规的元素，其权威性和专业性进一步增强。《国家教育法》重点保障了以下内容：每个公民享有 12 年免费基础教育的机会（初等教育 + 中等教育，即 6+3+3），在 2009 年又增加了 3 年学前教育（即 3+6+3+3）；进一步下放教育行政管理权，让地方教育部门能够更好地管理教育事业；强调教学要以学生为中心；大力支持终身教育和继续教育，提升人们的职业技能水平；明确教师标准，促进教师专业发展；制定教育标准和质量保障体系；加强经费投入，倡导健全经费投入渠道多元化的机制，由政府负责保障教育经费，同时鼓励拓展经费筹措渠道；大力推进教育技术的研究与应用，多渠道拓展开发教育资源。《国家教育法》是一个宏观、整体的法律框架，为泰国教育体系的建设与运行奠定了基础，各类政策文件、计划规划等也在推进教育事业发展方面起到了非常重要的作用，尤其是在落实法律精神、推动教育事业发展举措落实落地方面。泰国还确立了"泰国 4.0"战略，提出了泰国经济转型发展的新路径，这也是泰国教育事业发展在当今时代所要遵循的基本国家战略。"泰国 4.0"战略强调数字化、智能化、前沿性、绿色化、创新型的经济发展模式，因此需要大量的高素质技术技能人才，这就对泰国的高等教育、职业教育提出了新的要求，泰国教育体系在培养适应经济新发展模式的人才方面也发挥了十分重要的作用。在组织机构方面，泰国于 2002 年把大学事务部和国家教育委员会等合并入教育部，泰国全国各级各类教育的管理与发展都由教育部来负责。[①] 2019 年，高等教育委员会和原科技部合并，组成泰国高等教育、科研与创新部。除此之外，泰国近年来还颁布实施了很多关于教育发展的政策文件和战略部署，对教育事业的发展均起到了重要的推进作用。

第二，各级各类教育质量稳步提升。全面提高教育质量是泰国在 21

---

① 陈晖，熊韬. 泰国概论［M］. 广州：世界图书出版广东有限公司，2012：195.

世纪的基本目标，[①]而推动全民接受教育也是泰国在21世纪的重要教育目标之一，泰国政府针对各级各类教育都提出了专门的质量提升策略。泰国结合东盟的教育质量标准框架，制订了《教师质量指标体系》，[②]一方面完善了教师教育的质量保障体系，另一方面也确保了泰国能够为各级各类教育培养优质师资的目标，并间接推动了各级各类教育的质量提升。在初等教育领域，泰国已经完成了普及初等教育的目标，毛入学率已达100%，并且男女都能够享受同等的受教育机会；在成人教育和终身教育领域，泰国也专门制订了终身学习的战略，并且强化了职业教育和技能培训等。[③]当然，质量提升是教育的永恒主题，也是教育不断发展的必然结果，在教育可持续发展进程中，泰国不断对接时代的需求，提出相应的发展目标。例如，对应联合国2030年可持续发展议程，泰国需要尽力去促使全民完成免费的中小学教育，并公平地接受优质的高等教育和职业培训等。

第三，教育服务经济社会发展能力显著增强。如前所述，服务经济社会发展早已成为并将长期成为泰国教育的重要时代使命。21世纪以来，信息技术对经济发展、产业结构以及人们的生活方式都产生了巨大的影响，尤其是在今天，数字化转型和人工智能技术的不断发展更是对泰国经济社会的发展和产业结构的转型升级提出了新的要求。泰国近年来始终把教育定位于服务国家发展的重要战略位置上，2010年出台的《国家教育发展计划（修订版）》提出了"教育强化国家，教育增强个人能力，教育促进就业"的教育价值，此后还在各个五年规划、十五年规划中强调教育要为经济社会发展培养所需要的人才，尤其是强调高等教育和职业教育的作用。"泰国4.0"战略和《国家二十年战略（2018—2037年）》都把教育放在了国家战略层面，指出教育在国家产业发展和经济社会发展中的重要作用，并提出了未来人才培养和科技发展的具体指标，为泰国教育和经济

---

① Office of the Education Council. Education in Thailand [M]. Bangkok：Ministry of Education，2017：8.
② 刘宝存，等. "一带一路"沿线八国国际教育合作与交流政策研究 [M]. 北京：人民出版社，2020：238-240.
③ 阚阅，徐冰娜. 泰国教育制度与政策研究 [M]. 北京：人民出版社，2020：13-14.

社会联动发展提出了系统化的要求。

第四，教育国际知名度与影响力日益扩大。泰国教育的现代化始于拉玛四世和拉玛五世积极主动向西方学习，在泰国教育发展的历史进程中，国际化一直都是一个重要的组成部分。尤其是 1951 年泰国加入联合国教科文组织之后，拓展了同其他国家和国际组织的交流合作机会。例如泰国借助东盟平台，积极加强与东盟其他国家之间的教育交流合作，积极参加东盟国际学生流动（ASEAN International Mobility for Students，AIMS）项目，支持学生在东盟各国之间交流互动，实现联合培养。泰国以 AIMS 项目为支撑，2010—2019 年接收与派出的留学生每年均在 800 人左右，大大提升了国际交流合作的成效。泰国还积极探索与大湄公河次区域（Greater Mekong Subregion）其他国家的交流合作，与中国合作共建鲁班工坊，设立孔子学院，引入中国职业教育标准、模式和方案，大力发展职业教育国际交流合作，面向"泰国 4.0"战略和东部经济走廊计划，培养高素质技术技能人才，为泰国职业教育和经济社会联动发展做出了重要贡献。[①] 泰国鲁班工坊作为世界上首个鲁班工坊，为泰国职业教育带来了重大发展契机，其建设本身也成为一种标杆，能够为世界其他各国建设鲁班工坊乃至开展更多形式的职业教育国际交流合作提供样板。[②] 此外，中泰双方大力推进"中文＋职业技能"教育模式，并在泰国各孔子学院中重点推广，语言和技能的有机结合为泰国本土企业和中资企业培养了大批高素质技术技能人才。在一定程度上，"中文＋职业技能"的教育模式能够精准对接泰国当地的经济社会与产业发展需求，培养大批高素质技术技能人才，[③] 有助于解决海外人才培养和市场需求之间的供需矛盾，强化泰国产教之间的契合度。泰国还积极探索与其他国家的教育交流合作，例如泰国与澳大利亚签署了教育与培训合作备忘录，形成了系统化、全面化的国际教育合作框架。

---

① 张磊，吕景泉. 鲁班工坊本土师资能力建设：内涵、逻辑要素与行动 [J]. 中国职业技术教育，2023（17）：5–11.

② 于兰平，申奕，黎志东. 世界首个鲁班工坊——泰国鲁班工坊研究 [J]. 职业教育研究，2022（12）：5–9.

③ 周谷平，阚阅. "一带一路"战略的人才支撑与教育路径 [J]. 教育研究，2015，36（10）：4–9+22.

总体而言，正式颁布《国家教育法》、迈向 21 世纪、应对高精尖科技和产业转型升级以及经济社会健康持续发展的需求等，共同构成了泰国教育体系成熟期的关键要素。泰国在不断发展的过程中，汲取历史经验，加强国际合作，完善制度体系，提升培养质量，服务经济社会，助力产业升级，逐步探索出了更加完善的教育与经济社会协同发展的道路。当然，质量的提升是教育发展的永恒主题，泰国教育在成熟期阶段也在不断地探索高质量发展的创新模式。

# 第二章

# 泰国职业教育的
# 社会基础与实践现状

通过对泰国教育史的梳理，我们不难发现，职业教育是泰国教育体系的重要组成部分，尤其是在助力经济社会发展和产业转型升级方面发挥着十分重要的作用。在泰国政府提出"职业教育为国家建设服务"之后，职业教育更是成为推进经济社会发展和产业转型升级的重要力量。在新时期，泰国职业教育又承载着高质量服务"泰国 4.0"战略和东部经济走廊计划的重要时代使命，为泰国培养了大量高素质技术技能人才。近年来，泰国经济水平和工业水平的显著提升，无不和职业教育有着密切关系。

## 第一节　泰国职业教育的社会基础

职业教育与经济社会发展紧密相连，产教融合、校企合作始终都是职业教育的特色优势和必要基础，职业教育的适应性在很大程度上就表现为职业教育与经济社会发展和产业转型升级之间的有效对接，① 也只有在充

---

① 王珩安. 职业教育适应产业转型发展的顶层设计、组织保障与核心工程——职业教育与产业转型发展论坛综述［J］. 中国职业技术教育，2022（28）：74-79.

分理解社会经济、文化等要素的基础上，才能够更好地理解泰国职业教育的实践状态。

## 一、泰国职业教育的历史底蕴

在泰国，将职业教育作为一种正式的类型教育纳入国家教育体系的时间并不长，但技术技能的教授与传承在泰国则有着悠久的历史。因为泰国历来是农业大国，通过家庭来教授技术技能，使得农业类的技术技能得以代代相传，这其实也可以称为泰国职业教育的肇端。尽管这种技能传承并没有形成正式的体系，也没有标准的教育教学的方式方法，但其注重实践的特征其实也能够体现出职业教育的特色。把子女送至亲属家中学习技艺是泰国早期职业教育的一种模式，这种模式与传统职业教育时期的学徒制模式有着异曲同工之妙。当时，除了农业技能以外，泰国也有部分人对手工艺类的技能感兴趣。一般情况下，手工艺类技能的传承主要有三种方式：通过家庭成员的代代相传，通过民间传统的学徒制（师傅带徒弟）模式传授，通过泰国的寺院学校传授。整体来看，虽然泰国有培养农业技能以及其他各类手工艺的传统，但在泰国传统社会体制下，对技术技能人才的需求相对不高，因此其职业教育的发展速度也相对缓慢。

这种传统意义上的技术技能人才培养一直持续到 19 世纪，直到拉玛四世执政时期，泰国职业教育才有了一定的改变，开始积极主动向西方学习，引进了大量的西方先进技术，推动泰国劳动力市场的技术岗位或职业门类逐步增多，同时社会对各类技术技能人才的需求也日益增多。但此时泰国政府扩大教育规模的关键发力点还不在职业教育领域，拉玛四世和拉玛五世均选择优先在宫廷教育中强化学习西方，还没有在全社会大力开展职业教育、学习西方先进技术。但不可否认的是，西方先进技术的引入对泰国的生产力水平提升产生了重要作用，泰国的劳动力市场也因此产生了更多的对高素质技术技能人才的需求，这就为泰国职业教育的发展奠定了重要基础。新技术的持续引入往往会逐步推动生产力水平的提升，甚至会带动生产方式的变革，技术的创新也给经济社会的发展和产业的转型升级带来了一定的影响，产业需要新技术，社会也需要新技术，而作为与产业关系最为密切的教育类型，职业教育势必要对此作出一定的回应。[①] 尽管这一时期还没有把职业教育真正纳入正式的教育体系中，成为一种教育类型，但拉玛四世和拉玛五世均深刻地认识到了技术的重要意义，希望能够把专业技术设计成相应的课程。尤其是在拉玛五世大力引入了电力、水力、交通等各领域的先进技术之后，泰国社会对高素质技术技能工人的需求量变得越来越大。

19 世纪末 20 世纪初，泰国在职业教育的探索方面有了新的突破，先是将专业技术设计成专门的职业相关课程，并且在 1898 年将此类课程并入特殊教育课程中。当然，这时还没有正式凸显出职业教育的地位来，只是开始将职业教育所需要的技术技能按照教育的标准纳入教育课程，职业教育还没有正式成为教育体系的一部分。到了 1902 年，泰国在推进全民教育的过程中，开始倡导所有的学生都应该接受普通教育或者专业 / 职业教育。自素可泰王朝以来，手工艺培训、技能训练作为寺院教育的内容主要面向平民家庭，与宫廷教育的地位相去甚远，因此在泰国的传统观念里，技术岗位显然不如王宫 / 政府机构岗位的社会地位高。所以，即使泰国政府提出要让全民都能够接受普通教育或专业 / 职业教育，然而从两类教育所面向的受教育对象来看，仍然存在着一定的差别，故泰国民众学习技术技能的积极性依旧是不强的，因此在泰国传统社会中，比起普通教育，职业教育的影响力和地位是相对比较一般的。[②] 直到 1909 年，泰国正式把教育划分为普通教育和特殊教育两种类型，职业教育属于特殊教育体系。同时，为了便于管理，丰富职业教育的体系结构，将职业教育又划分为正规职业教育和非正规职业教育，非正规职业教育主要面向的是医学、英文等特定职业。自 1910 年开始，泰国逐步正式成立了一些职业院校，例如拉嘉布拉那寺院商业学校等，这一时期成立的职业院校主要开设理工类专业。1917 年泰国成立了博昌学校，除了进行商业、手工业领域的职业教育之外，也涉及农业类的职业教育内容，职业教育开始从寺院学校

---

① 梁宁森，梁宇坤. 职业教育"三教"改革的政策动因、内在逻辑及未来路向［J］. 高等工程教育研究，2022（4）：164-168.
② 周谷平，阚阅. "一带一路"战略的人才支撑与教育路径［J］. 教育研究，2015，36（10）：4-9+22.

逐步向外扩散，职业教育机构变得日益多元。在 1932 年泰国新政体建立之前，泰国已经建立了多所职业院校，不过都是公立职业院校。这些职业院校培养的技术技能人才数量与泰国社会的实际需求之间仍然有较大的缺口，再加上社会对职业教育、技术工作依然存在一定的偏见，因此泰国职业教育在这一时期的发展仍然比较缓慢。

1932 年，受泰国新政体的建立以及世界经济危机的影响，泰国有很多人失业，考虑到这一社会情况，泰国开始着力尝试扩大职业教育覆盖面，广泛开设职业教育机构，允许成立私立职业院校，自此，非正式的职业教育被正式纳入国家教育发展计划当中。在高中阶段，职业课程也是高中生的必修科目，例如农业、手工业、商业等职业课程。[①]考虑到职业教育与经济社会发展之间的密切关系，以及职业教育立足地方特色的基本特征，泰国政府明确要求，职业教育的运行和管理要基于地方特色，尤其是课程的设置，[②]一定要符合当地经济社会和产业结构的特征，例如泰国南部和东部适合种植橡胶，当地的职业院校也要以此为基础开展职业教育。1936 年，泰国教育部将职业教育正式纳入泰国教育体系，并将职业教育的层次划分为初等职业教育、中等职业教育和高等职业教育。1941 年，泰国教育部下设了专门的职业教育管理部门，负责泰国的职业教育发展工作。1952 年，泰国在美国的援助下成立了曼谷技术学院（Bangkok Technical Institute），此后又陆续成立了大量的职业技术学院，包括南方技术学院（Southern Technical Institute）、北方技术学院（Northern Technical Institute），与德国合作成立孔敬技术学院（Khon Kaen Technical Institute），与奥地利合作成立泰奥技术学院（Thai-Austrain Technical Institute）等。

到 20 世纪 80 年代末，泰国职业教育体系培养的学生大多开始进入劳动力市场，尤其是进入私营企业谋求发展，这就要求职业教育要充分和劳动力市场对接，尤其是职业教育培养的学生所具备的技术技能要和企业中

---

① 石筠弢，等. 泰国文化教育研究［M］. 北京：外语教学与研究出版社，2023：154.
② 当时的职业教育课程，或者说技术类的课程，实质上是面向某一个专业技术领域（例如农业、医学等）开设的专门传授技术的课程，因此课程的设置和专业方向是高度吻合的，课程与专业技术领域的知识与技能之间的契合性与当今时代职业教育专业对接产业也是十分类似的。

实际岗位所需要的技术技能尽可能保持一致，以确保学生能够直接胜任企业岗位工作，这就对职业教育的开放性、跨界性提出了新的要求。当然，这既是泰国职业教育发展到这一历史阶段的必然结果，同时也是职业教育自身的应有逻辑。[1]泰国政府在此基础上进一步要求职业教育必须鼓励学生多多实践，充分对接劳动力市场的需求。在 1999 年《国家教育法》正式颁布实施之后，泰国对职业教育的定位、管理与运行都有了整体的谋划。2003 年泰国教育改革委员会对职业教育事业发展的各项工作都做了明确的规定，同时，教育部改组之后专门下设职业教育委员会，负责职业教育发展的各项事宜。职业教育委员会负责把握职业教育发展趋势，并为职业教育提供相应的政策、规划等顶层设计方面的支持，协调政府以及其他社会各部门（职业教育的利益相关主体）参与共同办好职业教育，建设好职业教育师资队伍等各项资源。[2]私立职业院校也由职业教育委员会负责管理。

此后，泰国职业教育在正规的管理体系下稳步发展，至 2020 年全国已有 439 所职业院校，开设专业涵盖工业、农业等各领域。近年来，泰国职业教育和经济社会发展之间的关系日益密切，服务国家重大战略（例如"泰国 4.0"战略、东部经济走廊计划等）的能力大幅提升，国际化合作愈发频繁优质，影响力也在逐步提高。总体来看，泰国职业教育在不断发展的过程中逐渐向着优质化、国际化、规范化、绿色化的方向前进，并且成为泰国经济社会发展不可或缺的重要元素。

## 二、泰国职业教育的文化背景

"现实性绝不是某种社会状态或政治状态在一切环境和一切时代所具有的属性。"[3]代入教育体系中，也就意味着，任何教育体系在不同的历史

① 朱成晨，闫广芬. 精神与逻辑：职业教育的技术理性与跨界思维［J］. 教育研究，2020（7）：109-122.
② 宋晶. 泰国职业教育的现状与发展趋势［J］. 深圳职业技术学院学报，2018（3）：78-82.
③ 恩格斯. 路德维希·费尔巴哈和德国古典哲学的终结［M］. 中共中央马克思恩格斯列宁斯大林著作编译局，编译. 北京：人民出版社，2014：8.

阶段、不同的文化场域中都是不同的，就像同样是"双元制"，德国与泰国的执行方式必然是不同的。一个国家的教育体系和这个国家的文化传统往往是密切相关的，换言之，文化传统会在很大程度上影响教育事业的发展。我们要去理解一个国家的职业教育，必然要去理解这个国家职业教育所植根的文化背景，就如同德国职业教育的高速发展其实离不开德国历来重视技术技能的文化传统，德国政府的统筹安排其实也和德国一直以来对待技能的社会氛围有着密切的关系。[1]

泰国社会对职业教育的重视程度相对而言是不如德国的，自素可泰王朝时期开始，泰国教育在阶层划分和阶层固化方面就有着比较明显的倾向，宫廷教育所教授的内容更加倾向于普通教育，例如通识教育和统治权术等，而寺院教育面向平民大众所教授的内容则更侧重于职业教育、技能训练方面，例如一些手工艺的训练等。宫廷教育和寺院教育之间相对比较独立，面向的教育对象、教授的内容都比较固定，这样其实也就固化了阶层。这种阶层固化的倾向和结果表明，泰国更加重视通识性的宫廷教育，会让王公贵族子弟接受宫廷教育，相对而言比较轻视或者忽略注重专业性的技艺训练的寺院教育，会让普通民众来学习这些技艺技能。

当然，泰国对职业教育相对不够重视的传统不仅仅体现在教育类型和阶层固化之间的关系上，从泰国在职业教育的学历管理上其实也能够看出，泰国传统观念中存在着对职业教育的轻视。1936年，职业教育正式成为泰国教育体系的一部分，但其管理机制与普通教育相比仍存在一定的差距，这和职业教育发端较晚、体系不够健全有关。泰国政府虽然设立了专门负责职业教育发展的部门，不过在当时的泰国教育部内，普通教育是由普通教育司（Department of General Education）负责管辖，职业教育则主要是由课程与教学开发司（Department of Curriculum and Instruction Development）下属的职业教育处进行管理，换言之，在职业教育正式成为泰国国家教育体系的一部分之初，其管理体制本身就处于相对比较弱势的地位。当然，这种情况并没有持续太久，1941年教育部改组之后，新

---

① Dina Kuhlee. Federalism and corporatism: On the approaches of policy-making and governance in the dual apprenticeship system in Germany and their functioning today [ J ]. Research in Comparative and International Education，2015（4）：476–492.

设立了职业教育司（Department of Vocational Education），泰国职业教育的管理从此逐步走向正规，虽然仍会受到传统观念的影响，但从整体趋势上来看，泰国对职业教育的重视程度在逐步提升。例如泰国第一个五年计划的重点就是要发展中等职业教育，到20世纪70—80年代，泰国教育部职业教育司下辖的职业教育机构近160所，其中有90所职业院校成为学院（College）。

此外，泰国职业教育的社会地位以及文化基础还体现在泰国社会对职业教育的态度上。在职业教育发展的历史过程中，其实也渗透着泰国政府和民众对于职业教育的态度，这对我们理解当今时代的泰国职业教育有着重要的作用。19世纪，泰国政府十分重视现代技术。20世纪初，泰国甚至提倡通过职业教育的融入来促进全民教育进程。但在泰国民众普遍的传统观念里，技术岗位的社会地位不如政府部门的岗位，所以泰国民众对待职业教育、对待技能学习和技术培训的积极性始终不高。这种情况在近些年有了一定的改善，例如在泰国新政体成立前后，受世界经济危机的影响，大量泰国民众失业，政府开始认识到职业教育对于促进就业、强化民生、维护稳定的重要意义，开始重视职业教育事业，并且也正式承认了非正式的职业教育体系，这对于改善泰国民众对职业教育的负面印象有着十分重要的意义。近年来，随着信息技术的不断引入和数字化转型的深入推进，泰国政府越来越认识到职业教育和经济社会发展之间的密切关系，尤其是职业教育对于泰国经济发展新模式、产业升级新动能方面的重要促进作用，于是将职业教育作为推动实施国家重大战略的有效手段，其中就包括了"泰国4.0"战略和东部经济走廊计划。在泰国政府的大力推动下，职业教育的特色优势和社会地位都有了明显提升。

总体而言，泰国社会历来有不重视职业教育的传统，而这种传统随着泰国政府逐渐意识到职业教育和经济社会发展之间的重要关系，在渐渐淡化。所以我们也能够理解，近年来泰国从顶层设计和国际交流等各方面发力去完善职业教育体系、提升职业教育质量，一方面是要扭转传统的轻视职业教育的错误观念，另一方面也是为了强化泰国职业教育服务经济社会发展、服务国家战略的能力。

## 三、泰国职业教育的跨界联动

办职业教育，从来都不能只是教育界的事，世界各国尤其是职业教育比较发达的国家的经验表明，要办好职业教育，必须坚持产教融合、校企合作，以跨界的思维来办职业教育。从黄炎培的大职教观，到姜大源提出的职业教育具有明显的跨界性特征，都明确表达出了职业教育必须要突破教育和产业的疆域，[①]充分融入产业元素，以产助教，以教促产，产教融合。

泰国政府显然也十分清楚跨界办职业教育的重要意义，泰国开始发展职业教育正是基于经济社会发展的需求和新技术应用的需求，已经充分考虑到了职业教育和经济社会发展的密切联系。尤其是在新时期，技术迭代周期越来越短，技术复杂性程度越来越高，需要校企双方甚至其他更多主体的共同参与，才能够更好地推进技术创新与应用，才能让职业教育更好地服务经济社会发展。泰国政府重点强调，泰国的职业教育人才培养和发展必须符合国民经济和社会发展计划的需求，学以致用，强调应用性，这是泰国职业教育的基本遵循。因此，虽然泰国职业教育体系隶属于泰国教育部职业教育委员会，但泰国的职业教育其实是社会各界联动发力的结果。

一方面，支持职业教育发展的政策制订和战略规划，不仅是由泰国教育部职业教育委员会来负责。泰国整体的国家发展规划，泰国重大的经济、产业发展战略规划，泰国对外交流合作中的国际产能合作等，都为泰国职业教育的发展奠定了重要基础，这些重大战略和政策并非由泰国教育部来制订的，往往是在泰国国家层面，协同各政府部门甚至其他国家政府共同制订的。也就是说，在顶层设计中，其实就已经跨越了教育的边界，尤其是涉及国家经济发展和产业发展方面的政策和战略规划。

另一方面，泰国职业教育的组织实施也涉及相关经济组织，尤其是企业。泰国职业教育体系中有一种培养方式是双元制培养（The Dual-Vocational Education），职业教育机构和企业通过签署协议，合作完成职业教育人才培养活动，教学活动的开展也是由双方共同保障的。

---

① 姜大源. 跨界、整合和重构：职业教育作为类型教育的三大特征——学习《国家职业教育改革实施方案》的体会 [J]. 中国职业技术教育，2019（07）：9-12.

总体来看，泰国在实施职业教育的过程中强调跨界协同的机制，这和职业教育的本质特征有关。泰国政府通过跨界联动的方式为实际的职业教育目标、职业教育管理、职业教育实施、职业教育保障等提供了基础，例如从国家发展战略的角度为职业教育的发展方向和人才培养目标奠基，以社会各界资源联结的方式为职业教育的长远稳定发展提供优质资源等。尤其是在泰国政府的引导下，职业教育逐渐和国家经济社会以及产业体系的发展紧密地结合在一起，初步形成了产教融合的协同效应，这对于开展高质量的职业教育有着十分重要的意义。只有在充分理解泰国社会各界与职业教育之间的关系的基础上，我们才能够更好地去研究探索泰国职业教育的整体框架和发展趋势。

## 第二节　泰国职业教育的体系概览

自正式将职业教育纳入国家教育体系之后，在职业教育委员会的领导和规划下，泰国职业教育高速发展，时至今日已经形成了一定规模，对于改善就业民生、促进经济社会发展都发挥了十分重要的作用。同时，通过规范化的职业教育体系建设，泰国目前已形成各级各类职业教育与培训并存的格局，并将持续为泰国经济社会的发展贡献力量。

## 一、泰国职业教育的整体规模

泰国 1999 年正式颁布实施《国家教育法》，进入 21 世纪以来，在国家层面高度重视职业教育，对职业教育的发展也提供了大量的支持，但是选择职业教育的学生在早期依旧呈现下降的趋势（1999—2003 年），在之后的三年虽然有所回升，[1] 但是目前看来，在泰国选择职业教育的学生

---

[1] Office of the Education Council. Proposals for the Second Decade of Education Reform（2009—2018）[R]. Bangkok：Ministry of Education，2009.

比例和选择普通教育的学生比例仍然体现出一定的差距。根据经济合作与发展组织（Organization for Economic Co-operation and Development，OECD）2021 年公布的调查结果来看，在高中教育阶段，泰国大约有三分之一的学生接受职业教育，也就是说，职普比大约为 1∶2；而在中学后教育阶段，选择职业教育项目的学生大约为五分之一。从发展趋势上来看，经过此前十年的发展，高中教育阶段的职普比相对已经趋于稳定，中学之后接受职业教育的学生数量呈现上升趋势。[①]

从泰国国家统计局的统计结果来看，泰国职业院校的数量近年呈现下降趋势。但事实上，这并不意味着泰国职业教育规模在不断缩减，因为泰国的职业院校或通过扩大招生数量的形式，或通过多所职业院校合并的方式，不断扩大自身的规模。尤其是曼谷之外的职业院校，2019 年曼谷之外有 555 所职业院校，2020 年只剩下 400 所。大量职业院校的合并和扩大，导致了表面上职业院校数量的减少，但实际上其招生规模反而有所增加，而且通过合并、扩大，联结专业和师资的优势，也进一步提升了职业院校的办学质量。

从数据来看，近年来泰国职业教育的学生数量一直稳定在 100 万人左右，虽然规模增长的速度比较缓慢，但依旧可以看出是一个增长的趋势。考虑到职业教育能够为泰国大力发展经济提供紧缺的技术技能人才，泰国政府也一直大力支持学生接受职业教育，并期望能够进一步扩大整个教育体系中职业教育的学生比例。相对应的，接受职业教育的学生在毕业之后，其就业率以及工资水平相较于接受普通中等教育的学生而言都是比较高的，拥有大专文凭的学生，其培训和就业效果也都相对不错。然而，职业教育和高等教育相比依旧存在着一定的差距，泰国劳动力市场的企业雇主们也证实了这一点。泰国在一些产业领域或职业领域中对人才的需求量是非常巨大的，劳动力市场面临着拥有职业教育背景和职业资格的人才比较短缺的问题，但是，泰国职业教育培养出来的学生所具备的技能与劳动力市场的需求之间仍存在着一定的差距。不可否认的是，泰国职业教育

---

① OECD Library. Vocational Education and Training in Thailand［EB/OL］［2023-03-17］. https://www.oecd-ilibrary.org/docserver/cc20bf6d-en.pdf?expires=1728910747&id=id&accname=guest&checksum=F7855DCAC9C68C798EDAAA7E0E1D6181.

的就业率相对还是比较高的，失业率也相对较低。2019 年，泰国 15 岁以上人口的就业率达 66%，从 2010 年至 2019 年，其失业率从未超过 1%，相较于经济合作与发展组织内的其他国家而言，这是一个十分可观的数据。① 总的来说，泰国职业教育学生规模相对比较稳定，也初步能够与泰国劳动力市场形成有效对接，但其规模和质量，尤其是在职业教育技能对接劳动力市场需求方面，都还有进一步提升的空间。

从招生的专业领域来看，泰国职业教育的专业两极分化比较严重。2019 年，泰国高中阶段的职业教育学生数量大约为 66 万人，其中约 33 万人选择的专业领域是工业领域，约 23 万人选择的专业领域是工商管理与商业领域，其他诸如艺术、信息技术、农业领域的学生数量相对很少。② 即使劳动力市场对信息技术、农业、旅游管理等领域的技术技能人才需求量很大，但选择这些专业领域的学生占比很小，例如选择信息技术领域的学生仅占 1%，农业领域只占 3%，旅游管理领域只占 5%。从泰国三大产业要素的占比来看，农业部门在泰国的占比大约 30%，信息技术同样也是泰国工业发展、产业发展、经济社会发展的重要技术，随着泰国经济社会发展和产业转型，劳动力市场对这些专业领域的人才需求量非常大，但泰国的职业教育专业与产业对接却体现出了不平衡的特征，尤其是信息技术领域的学生仅占比 1%，这就极大地制约了泰国经济社会的发展，这也是泰国职业教育在发展过程中需要重点考虑的问题。③

同时，泰国职业教育也体现出了一定的性别差异，男性比女性更有可能接受职业教育。由于性别的不同，男性和女性在选择职业教育专业领域时也有所不同，70%—75% 的女性更倾向于工商管理与商业领域，而 70%—75% 的男性则更倾向于工业领域。

总体来看，泰国职业教育的规模已经比较稳定，为了回应泰国经济社

---

① International Labour Organization. ILOSTAT database［EB/OL］.［2023-03-27］. https://ilostat.ilo.org/data.

② Office of Permanent Secretary for Ministry of Education. Education Statistics［EB/OL］.［2023-03-27］. www.mis.moe.go.th/index.php? option=com_content&view=article&id=657:ประจำปี-2562&catid=173&Itemid=114.

③ International Labour Organization. ILOSTAT database［EB/OL］.［2023-03-27］. https://ilostat.ilo.org/data.

会发展的需求，职业教育的质量也在逐步提升，但从专业领域上来看，仍存在着一些不匹配的问题，各专业领域的学生人数呈现出了比较明显的两极分化现象。

## 二、泰国职业教育的层次类型

泰国职业教育的类型主要包括正规职业教育、非正规职业教育和双元制职业教育（The Dual-Vocational Education）。从教育层次的角度来看，泰国职业教育始于高中教育层次，延伸至高等教育层次。

正规职业教育主要指的是由泰国教育部职业教育委员会管理的教育，属于学历教育，是泰国国家正式教育体系中的重要组成部分，主要由大学或者学院提供教学。作为一种学历教育，正规职业教育有系统化的培养目标、教学方法、课程体系、学时安排和评价方式等。泰国的正规职业教育一般分为三个层次。第一层次是中等职业教育层次，与高中教育平级，是学生在结束初中教育之后选择的一种分流方式，也是正规教育体系里职业教育和普通教育的第一次分流。泰国目前在高中阶段选择职业教育的学生大约占 35%，一般情况下，学生需要完成 3 年的学习，并能够成为技术工人。中等职业教育的课程包括普通高中的通识教育科目，以及农业、工程学、商科等某一专业领域的科目，学生可以选择一个领域进行重点学习。学生完成高中层次的职业教育可被授予中等职业教育文凭，当然也可以在有较多行业实践经验的基础上选择双元制的职业教育证书。[①]第二层次是高中之后的职业教育（也可称之为专科层次的高等职业教育），一般是由公立或私立的职业院校提供教学，学生在完成相应的学业之后，可以获得高等职业教育文凭。在获得高等职业教育文凭之后，如果学生的平均绩点能够达到要求，也可以继续转入本科层次的教育体

---

① Pongsuwat Sermsirikarnjana, Krissana Kiddee, Phadungchai Pupat. An Integrated Science Process Skills Needs Assessment Analysis for Thai Vocational Students and Teachers [ J ]. Asia-Pacific Forum on Science Learning and Teaching, 2018（2）: 3–4.

系中继续学习。[1] 第三层次是本科层次的职业教育。例如泰国皇家理工大学（Rajamangala University of Technology）和北曼谷先皇技术学院（King Mongkut's Institute of Technology North Bangkok），申请者需要竞争入学资格，进入其中一所高校进行学习并完成相关的学业任务之后，可以获得学士学位。需要说明的是，高等职业教育毕业生也可以通过在高等教育院校中进行额外的 2 年学习，将已有的高等职业教育文凭升格为学士学位。[2]

非正规职业教育相对比较灵活，其所涉及的主要是一些职业技能的培训项目，一般都是短期项目。非正规职业教育的学习内容和劳动力市场是高度匹配的，在泰国广受民众喜爱，其灵活的学习模式、对接市场的专业技术技能可以更好地满足各类群体的学习需求。泰国教育部下设非正规与非正式教育办公室，主要负责非正规职业教育的项目计划、关系协调等工作，并对非正规职业教育进行监管。从职能上来看，其对于非正规职业教育的主要作用包括支持、协调完成非正规职业教育项目，负责非正规职业教育的政策供给、战略制定、方向把握，提升非正规职业教育的质量，认证相关学历资历，促进利益相关者的协作，完善基础设施建设，以及监测评估教育成果等。[3]

双元制的职业教育项目比较特殊，要求校企合作来制订学生的人才培养方案、课程体系和评价内容等一系列要素。学生的学习一般要在职业院校和企业中交替进行，例如泰国曼谷工商管理旅游学院和泰国宋思力旅游公司开展合作，共同为学生提供专业平台、开展教育活动。[4] 一般情况下，学生会获得一定的津贴，企业在这一过程中也能获得一定的减税额度，所以校企双方都有合作培养学生的意向。校企合作的思路和理念在其他类型的职业教育中也有所体现，泰国本身也强调，可以选择三种类型的职业教育中的某一种或某几种来实施，其关键是要培养适应泰国经济社会

① Nick Clark. Education in Thailand-Wenr [ ED/OL ]. [ 2023–03–28 ]. https://wenr.wes.org/2014/03/education-in-thailand.

② Churairat Sangboonnum. Vocational Education Development：Lessons from Thailand [ M ]. Yangon：United Nations Information Centre，2013：1.

③ 阚阅，徐冰娜. 泰国教育制度与政策研究 [ M ]. 北京：人民出版社，2020：215.

④ 韩硕. 泰国职业教育紧盯国情和市场（职业教育在国外）[ N ]. 人民日报，2013–08–05（22）.

发展所需要的人才，让人才培养能够真正和劳动力市场对接。双元制的职业教育本身要遵循一定的标准，这个标准主要包括国家层面的法律法规、方针政策、专业培训标准等，而学校也要做好相应的管理措施，确保双元制职业教育能够有序运行。同时，双元制的职业教育还必须充分考虑院校教育和企业教育之间的平衡，在教学的过程中要充分引入一些项目训练、案例教学，尤其是基于真实工作情境的教学活动，以提升学生的实践能力。

从职业教育层次上来看，一般情况下，泰国职业教育主要是在中学阶段、中学后或者高等教育阶段来进行，也就是说，基础教育、高等教育体系中都存在着职业教育的要素。同时，非正规教育体系中也可以包含短期职业培训等职业教育项目。初等职业教育层次主要是指一些短期的技术培训项目，例如针对初中毕业生开展的为期一年的技术培训、在普通中学里设置的一些技术类的必修课程等。中学层次的正规职业教育主要是在中等职业学校完成的，当然也可以采用双元制的方式，以校企共同培养的形式来实现。在接受中等职业教育并取得相应的文凭之后，学生既可以选择进入高等教育机构接受高等职业教育，也可以选择报考普通本科院校或直接就业。[①] 此外，在中等职业教育层次，也涉及一些非正规的职业教育项目。高等职业教育层次主要包括专科层次和本科层次，这一层次获得学历学位的方式以及和其他层次、其他类型教育的衔接方式在前文中已经阐明，不再赘述。

总体来看，泰国职业教育的层次特征鲜明，类型结构丰富，基本形成了横纵交错的职业教育体系，这为泰国有针对性地培养技术技能人才、开展技术培训活动奠定了基础。

## 三、泰国职业教育的管理体系

泰国的职业教育由教育部职业教育委员会主管，职业教育委员会直接对教育部部长负责。职业教育委员会下设 11 个职能部门，各自有其专门

---

① OECD/UNESCO. Education in Thailand：An OECD/UNESCO Perspective ［M］. Paris：OECD Publishing，2016：46.

负责的模块工作，同时这些职能部门之间也要形成一种协同效应，共同管理泰国职业教育事务。其中，7 个主要的职能部门分别是：总务管理局，主要负责落实法律法规和政策文件，制定相关的标准和总体方针，统筹整体工作并协调其他各部门之间的工作；政策与规划局，主要负责制定战略目标，做好预算等方面的规划工作，收集处理信息，宣传相关政策，并与国际机构开展合作；人事能力开发局，主要负责评估和提升职业教育领域教师队伍的水平，并开展职业教育领域的相关研究工作；职业教育标准与资历局，主要负责制定人才培养方面的各项标准，包括课程标准等，并且负责认证职业资历，完善职业教育的质量保障机制；研究开发局，主要负责开展职业教育领域的政策、制度、发展战略方面的研究工作，为职业教育的发展提出意见建议；协调合作局，主要负责与社会各类其他职业教育机构进行交流合作，支持其他职业教育机构的教育教学工作，并积极与其他部门开展合作，协力完成职业教育事务管理工作；监督评估局，主要负责监督职业院校的教育教学活动，组织并协助专家完成评估工作，提供相应的信息咨询服务等。此外，职业教育委员会还下设有学生发展及特殊活动开发中心、信息技术和职业人力资源中心、特殊发展区南部边境各省职业开发中心以及教育督导处等 4 个职能部门，这 11 个职能部门各有分工、协同合作，共同完成泰国职业教育管理工作。

泰国职业教育管理强调简政放权，《国家教育法》第 9 条提出要将权力下放到教育机构和地方管理机构等，2008 年颁布的《职业教育法》（Vocational Education Act）也提出政策在实践过程中要呈现出多元化的特征，教育管理的权力要从中央向职业院校和其他单位进行下放，以确保职业教育实际的管理运行效果。当然，仍需由中央进行把关。在职业教育委员会之外，泰国还将全国划分为中部、东部与曼谷、东北部、北部和南部五大区域，并在每个区域设立职业促进与发展中心（Center for Vocational Education Promotion and Development），这种"中央—地方"协同的组织机制确保了职业教育能够真正和区域经济社会发展紧密结合，有助于实现职业教育的可持续发展。[①]

---

① 石筠弢，等. 泰国文化教育研究［M］. 北京：外语教学与研究出版社，2023：159.

总体而言，在职业教育委员会的领导下，泰国建立了相对比较完善的职业教育管理体制，行政部门能够为职业教育的发展提供顶层设计方面权威的支持与帮助；也可以借助专家团队的力量为职业教育发展把脉诊断，明确其高质量发展的战略方向；同样可以开展职业教育的相关研究工作，改善职业教育体系现状；还能够制定相应的标准体系，为职业教育发展提供可操作性强的参考依据；更能够在部门之间形成协同效应，在中央和地方之间形成联动效果，为职业教育发展创造合力，以高质量、规范化、系统性的管理体制为职业教育的日常运营保驾护航。这也是泰国职业教育能够不断发展、助力"泰国4.0"战略、帮助泰国实现经济增长的关键所在。

# 第三节　泰国职业教育的组织实施

近年来，泰国工业化水平提升迅猛，经济社会发展也加快了步伐。在新时期，经济社会的发展和技术要素之间存在着十分密切的联系，"各种经济时代的区别，不在于生产什么，而在于怎样生产，用什么劳动资料生产"，[①]也就是说，技术的发展在不断促进着生产力的创新，甚至也在不断推进着时代的变革。人类历史上已经经历过三次技术革命，分别开启了蒸汽时代、电气时代和信息时代。[②]无论我们现在是否已经步入第四次技术革命，是否开启了新的智能时代或其他什么时代，技术的快速发展都是不可否认的。这就要求职业教育必须跟上技术发展的步伐，以更好地让新技术服务国家经济社会发展。泰国职业教育的组织实施，必然要直面技术发展和经济社会发展的问题，着重面向重点产业领域，深化产教融合，做好课程教学方面的内涵建设，以满足泰国经济社会发展的要求。

---

① 马克思恩格斯文集：第5卷［M］. 中共中央马克思恩格斯列宁斯大林著作编译局，编译. 北京：人民出版社，2009：210.
② 董小君. 准确把握新一轮工业革命的内涵、本质及实现模式［J］. 宏观经济管理，2019（11）：28-34+62.

# 一、泰国职业教育的组织实施机构

职业教育委员会是泰国职业教育最主要的组织机构，负责从宏观的角度根据国民经济和社会发展计划的需求以及人才培养目标，制定当下适合国民经济和社会发展、适合个人成长的职业教育与培训政策，并在基础教育、职业教育、高等教育等各教育领域的正规教育和非正规教育系统里，提供专门的职业教育与培训活动。[①] 职业教育委员会根据不同的行业、专业领域，明确各领域所需要的具有特定技术技能的人力资源，其中包括熟练工人、技术人员和技术专家等，专业主要涉及工业领域、工商管理与商业领域、艺术与手工艺领域、家政领域、农业贸易领域、渔业领域、旅游业领域、纺织业领域、信息技术领域、娱乐与音乐产业领域以及其他领域。在职业教育委员会的领导下，各专业领域逐步形成了专门的人才培养标准，为泰国培养各层次的高素质技术技能人才奠定了基础。

根据泰国《国家教育法》的规定，职业教育与培训活动可以由公立学校、私立学校、企业或职业教育机构和企业合作来提供。根据 2020 年的数据统计，泰国共有 439 所职业教育机构（详见表 2.1），其中包括 113 所技术学院（Technical Colleges）、141 所工业和社区学院（Industrial and Community Colleges）、3 所商业管理和旅游学院（Business Administration and Tourism Colleges）、5 所商业学院（Commercial Colleges）、2 所艺术与手工艺学院（Arts and Crafts Colleges）、52 所理工学院（Polytechnic Colleges）、39 所职业学院（Vocational Colleges）、10 所技术与管理学院（Technology and Management Colleges）、43 所农业与技术学院（Agricultural and Technology Colleges）、1 所皇家金匠学院（Royal Goldsmith College）、3 所工业与船舶制造技术学院（Industrial and Ship Building Technological Colleges）和 4 所渔业学院（Fishery Colleges）。此外，泰国将多所学校（机构）联合在一起，形成了一些特殊的职业教育机构。例如，联合 161 所职业技术学院，形成 19 个职业教育机构；联合全国各地的 41 个区域机构，

---

① 张清玲. 泰国教育研究［M］. 南宁：广西教育出版社，2023：166.

表 2.1　泰国职业教育机构的类型与数量

| 序号 | 职业教育机构类型 | 机构数量 / 所 |
|:---:|:---:|:---:|
| 1 | 技术学院 | 113 |
| 2 | 工业和社区学院 | 141 |
| 3 | 商业管理和旅游学院 | 3 |
| 4 | 商业学院 | 5 |
| 5 | 艺术与手工艺学院 | 2 |
| 6 | 理工学院 | 52 |
| 7 | 职业学院 | 39 |
| 8 | 技术与管理学院 | 10 |
| 9 | 农业与技术学院 | 43 |
| 10 | 皇家金匠学院 | 1 |
| 11 | 工业与船舶制造技术学院 | 3 |
| 12 | 渔业学院 | 4 |
| 13 | 职业教育机构 | 19（161）+4（41） |

在五大区域各形成 4 个农业机构。[①]

　　泰国的职业院校主要分为公立职业院校和私立职业院校两种，这两种职业院校分属于职业教育委员会的不同部门管辖。这两种职业院校的人才培养目标大致相同，都是为了培养适应劳动力市场、助力泰国经济社会发展的高素质技术技能人才，但在实际的管理、学费以及课程设置等各方面的细节上有所不同。首先，这两种职业院校的管理方式不同，这是最明显的区别。一般来讲，在私立职业院校，学生有问题和建议是可以直接和学校管理者沟通的，私立职业院校解决问题的效率一般也比公立职业院校高。同时，私立职业院校的课程教学理念往往比较先进，更加契合劳动力

① Australian Government Department of Education. Thailand Education Policy Update - Vocational Education and Training Sector［EB/OL］.［2023-04-02］. https://www.education.gov.au/international-education-engagement/resources/thailand-education-policy-update-vocational-education-and-training-sector.

市场的需求。而公立职业院校也有其特色优势，例如公立职业院校组织的相关职业资历方面的考试仅限于公立职业院校学生报名，再加上公立职业院校相对而言历史比较悠久，并且由政府部门直接管理运行，因此在社会上的认可度也普遍较高。总之，两种职业院校各具特色，学生可以根据自身的具体需要来选择相应的职业院校就读。[①]

泰国职业教育机构的内部组织管理具有相对比较统一的模式结构。一般情况下，泰国职业教育机构的领导层分为学院院长、职业教育机构的管理委员会和职业教育机构委员会。学院最主要的行政部门一般有4个，分别是人事部、规划与合作部、学生活动发展部、学术部或教学部。这4个部门的职责划分十分明确，人事部主要负责常规行政工作、人事调动、财务、物资等各方面事宜，规划与合作部主要负责战略规划和预算、合作事务处理、研究与创新发展等方面的工作，学生活动发展部主要是对学生进行日常教育管理，也包括就业指导、社区服务等，学术部或教学部主要负责课程开发与教学、成绩测评等直接与职业教育教学、研究等各方面相关的工作。[②] 各部门之间分工明确、合作有序，形成了职业教育机构最基本的管理框架。

总体而言，泰国职业教育的组织实施主要由职业教育委员会牵头负责，由各类公立职业院校和私立职业院校具体实施。当然，泰国十分鼓励社会力量参与职业教育办学，例如采用校企合作的形式。具体到职业教育机构，其内部管理机制相对比较健全，能够保障日常的职业教育教学活动和学校管理运营等。

## 二、泰国职业教育的产教融合基础

职业教育始终离不开产教融合，泰国职业教育大部分都是在职业院校开展的，而双元制的职业教育项目则是由职业院校和企业共同实施的，泰国《教育改革第二个十年（2009—2018年）》的整体发展规划阐明了学校

---

① 石筠弢，等. 泰国文化教育研究［M］. 北京：外语教学与研究出版社，2023：161.
② VEC. About-VEC［EB/OL］.［2023-04-02］. https://www.vec.go.th/en-us/aboutvec/educationinstitutionadministrat.aspx.

和企业协同的重要意义。泰国《国家教育法》明确规定，教育活动允许社会各界参与办学，职业技术教育和培训可以由公立院校、私立院校、培训企业实施，或通过院校和企业合办的教育机构来实施。在国家法律法规层面，泰国《职业教育法》也强调了与职业教育相关的多元利益主体参与职业教育办学的重要性，指出要在教育和劳动力市场之间构建对接的桥梁。同时，需要说明的是，即使是以职业院校为主的职业教育，其实也离不开产教融合的基本理念指导。例如在为职业教育制定重大政策和发展规划时，泰国教育部职业教育委员会也会联动社会力量共同进行。[①] 从顶层设计的角度来看，泰国职业教育十分重视产教融合的效果。

产教融合的落实需要多元主体的积极参与，这是因为在开放性的现代职业教育体系中，职业教育的供给主体包括政府、职业院校和企业等，这些性质不同的多元主体在参与职业教育办学的过程中能够发挥自身的资源优势。在实际的职业教育实施过程中，泰国非常重视多元主体的参与，例如在涉及双元制的职业教育项目中，以及工作过程导向的课程教学内容设计中，企业和其他社会组织都能够发挥出很好的作用。

总体而言，职业教育委员会十分重视以产教融合的理念来办好职业教育，并且在未来的职业教育发展中也提出要进一步扩大双元制职业教育的规模。在实际的职业教育办学、人才培养的过程中，泰国联结政企校多方力量，共同提供优势资源，形成了良好的多元办学机制。

## 三、泰国职业教育的课程体系概况

泰国职业教育体系包容开放，坚持产教融合、校企合作，体现了职业教育"面向职业"的特色，以此特色为基础建构课程教学体系，则是职业教育"回归教育"的基本特征。职业教育在成为泰国正式教育体系的组成部分之前，往往是以技术类课程、培训类课程的形式存在，在正式成为泰国教育体系的重要组成部分之后，由职业教育委员会针对职业教育的课程标准、教学原则等进行了持续的完善。2019 年，职业教育委员会正式公

---

① 中国-东盟中心. 东盟国家教育体制及现状 [M]. 北京：教育科学出版社，2014：241.

布了《中等职业教育与高等职业教育管理标准与指南》，进一步明确了中等职业教育和高等职业教育的人才培养目标，并从道德、伦理和价值观，知识、技能和应用能力等方面对职业教育人才培养标准进行了详细的内涵描述。在道德、伦理和价值观层面，中等职业教育和高等职业教育的要求是相同的，在伦理观、职业道德、爱国守法、公民意识与责任等各方面提出了一定的要求。而在知识、技能和应用能力这三个维度，中等职业教育和高等职业教育体现出了一定的层次特征。在知识层面，中等职业教育要求学生能够初步了解职业行情、进行一些简单的分析，并掌握一定的英语语言、沟通能力、基础技术知识等，而高等职业教育还要求学生在此基础上进一步掌握这一专业领域更深层次的理论知识和技术知识，并掌握与工作相关的一些信息技术。在技能层面，中等职业教育要求学生能够在职业实践活动中选择并应用基本的方法、工具和材料，具备一定的信息技术素养和终身学习能力，拥有一定的分析思维，能够解决一些实际问题，并且掌握健康和安全方面的技能，而高等职业教育在中等职业教育学生所应具备的能力基础上，进一步要求学生具备优化操作流程的能力，有一定的规划能力，并且能够做到自我管理、协调和评价等。在应用能力层面，中等职业教育要求学生能够在简单的操作过程中适应一定的变化并提出基本的建议，能够有计划地解决一些不可控的问题，尤其是在新环境中解决问题，高等职业教育与此类似，只是在程度上要求更高，要求学生能够按照计划工作，能够适应各种变化，并且能够解决不熟悉的或者复杂的问题。

泰国现行的职业教育课程体系构建的依据是 2019 年的《职业教育证书课程》( Curriculum for the Certificate of Vocational Education ) 和 2020 年的《职业教育文凭课程》( Curriculum for Diploma of Vocational Education )，这两个文件分别规定了中等职业教育和高等职业教育的课程安排以及学分构成。一般来说，中等职业教育和高等职业教育的整体课程结构包括核心能力课程、职业能力课程、选修课程以及定期定量的课外活动，每一类课程都有学分方面的要求。中等职业教育的核心能力课程要求不少于 22 学分，主要包括泰语、外语、科学、数学、社会学、体育等科目；职业能力课程要求不少于 69 学分，主要包括基础职业能力课、专业职业能力课、择业能力课、职业能力培训以及职业能力发展项目等；选修课程要求不低于 10

学分，一般倡导学生选修英语类的科目，以帮助学生提高英语学习和交流能力。高等职业教育的核心能力课程要求不少于 18 学分，主要包括泰语、外语、科学、数学、社会学和人类学等科目；职业能力课程要求不少于 56 学分，这部分的类别划分与中等职业教育相同，只是在学习内容、学分要求、难易程度等各方面上有所不同，例如基础职业能力课，中等职业教育要求不少于 19 学分，高等职业教育则要求不少于 15 学分即可；选修课程要求不少于 6 学分。总体来讲，中等职业教育的课程学分要求不低于 101 学分，高等职业教育的课程学分要求不低于 80 学分。[①]

从专业类别来看，中等职业教育和高等职业教育所涉及的专业领域都是相通的，主要包括：工业领域、工商管理与商业领域、艺术与手工艺领域、家政领域、农业贸易领域、渔业领域、旅游业领域、纺织业领域、信息技术领域、娱乐与音乐产业领域以及其他领域。当然，在每个专业领域，中等职业教育和高等职业教育的具体专业设置有所不同，并且体现出了一定的层次特征。例如，在农业贸易领域，中等职业教育所设的专业为农业学，而高等职业教育则相对更加丰富，包括农业科学、农业工程、国际农业科学等，其专业领域更加广泛，知识能力、实践应用方面的要求相对更高。依据专业、课程、学分等各项标准，职业教育委员会从师资队伍、教学方法、专业项目、公民意识、评价标准、校企合作等多方面对具体的教学活动实施提出了要求。并且，为了持续提升教学质量，职业教育委员会在双元制、国际交流、数字化融入等各方面提出了重点要求。

总的来看，泰国职业教育的专业、课程已经形成了相对比较完善的标准体系，在提升职业教育质量方面有相对比较成熟的规划，职业教育的内在运行机制初步成形，在标准化的专业基础和课程体系下，泰国职业教育的发展也有了更加专业权威的参考。

## 四、泰国职业教育的教学过程特征

泰国职业教育采用"双学期制"的标准化教学模式，即每个学年分为

---

① 张清玲. 泰国教育研究［M］. 南宁：广西教育出版社，2023：168-169.

2 个学期，每个学期为 18 周。当然，泰国政府强调职业教育事业发展要简政放权，因此允许职业教育机构有一定的教学管理自主权。也就是说，职业教育机构也可以自主设置不同于标准"双学期制"的其他教学管理模式，但是在设置的过程中必须明确说明教学安排的各项细节，包括每个学期学习时间的划分模式以及具体的课程学分等要素。

泰国职业教育的教学过程与课程学分相关，一般情况下，一个专业的职业教育教学过程包含的总学分数为 100—110 学分，教学过程分为 3 个学年、6 个学期。如果未能如期完成教学过程，教学的实际学期数量也可以延长，全日制的不超过 12 个学期，非全日制的不超过 16 个学期。如果学习时间超出了最长时间的规定，必须根据实际情况向泰国教育部职业教育委员会汇报并由职业教育委员会批准。

泰国职业教育的课程内容、教学时间均有相应的标准，以实践类的课程和教学为主，课程内容主要包括：讲座、讨论等形式的理论课程，在实验室进行实验或练习的实用课程，在现场练习的实用课程，双学期学习的职业培训，职场专业能力培训，专业能力发展项目。这六类课程内容的具体教学时间如下：理论课程一般每周不少于 1 小时，整个学期的教学时间（包括考试时间）不少于 18 小时；在实验室进行实验或练习的实用课程一般每周不少于 2 小时，整个学期的教学时间（包括考试时间）不少于 36 小时；在现场练习的实用课程一般每周不少于 3 小时，整个学期的教学时间（包括考试时间）不少于 54 小时；其余三类课程整个学期的教学时间（包括考试时间）均不得少于 54 小时，但对每周的教学时间没有提出具体要求。从课程内容和教学时间上来看，泰国政府非常重视职业教育的实践教学。在实际的教学过程中，实践教学环节也占有较大的比重，在中等职业教育层次的职业能力课程中，理论与实践学习时间的比例约为 20∶80，而在高等职业教育层次的职业能力课程中，理论与实践学习时间的比例约为 40∶60。具体的比例在不同学习领域会有一定的微调，但整体来看，无论是中职教育还是高职教育，实际的教学过程都更加倾向于实践教学。

为了确保职业教育教学过程的顺利进行，职业教育委员会对各类职业教育机构提出了一些要求[①]：第一，要求职业教育机构为职业教育教学活动提供基础性的支持，例如教学场地、教职人员、教学设备等，确保学生能够参加相应的职业教育教学活动；第二，要求职业教育机构致力于选择多样化的教学方法，以学生的潜力开发和终身发展为目标，提升职业教育教学质量，确保学生达到一定的专业化水平；第三，要求职业教育机构为学生提供支持，鼓励学生开发专业领域的相关项目，强化实践教学，提升职业能力；第四，要求职业教育机构必须提供相应的课外教学活动，进一步提升学生的职业能力，同时要求职业教育机构加强对学生良好价值观的引导与培育，例如培养学生的爱国精神，强化学生作为泰国公民和世界公民的意识，倡导学生保护自然环境和人文环境，并加强其服务社会的意识；第五，要求职业教育机构按照专业标准为学生提供相应的评估服务；第六，要求职业教育机构对学生毕业标准进行严格把关，在学分数量上必须达到基本要求，累计平均绩点不能低于 2.00，并且达到专业评估标准的要求，通过专业评估；第七，要求职业教育机构在开展校企合作办学活动时必须遵循职业教育委员会制定的规则；第八，要求职业教育机构的课程和教学质量保障体系至少要包括四个方面的质量保障内容，即课程的专业化程度、师资队伍的支持、毕业生质量，以及学习管理、测量和评价方法。通过上述八项具体的要求，职业教育委员会对职业教育机构的实际教学过程做出了标准化、专业化的指导。

为提升职业教育教学质量，职业教育委员会于 2020 年提出了相应的策略：第一，完善双元制的职业教育制度，提升行业企业参与度，确保职业教育机构在教育教学过程中都能够形成双元制模式；第二，加强职业教育国际化，提升职业教育师生的英语水平，建立更多的国际合作伙伴关系；第三，提升职业教育数字化水平，加强数字化技术的多元应用，包括互联网、大数据等；第四，在泰国东部经济走廊、南部经济走廊、经济特区等地建立职业教育协调中心，加强对职业教育与培训的管理；第五，对接"泰国 4.0"战略，面向重点行业领域（例如航空、海事、机器人等相关行业领域）建立卓越中心，加强重点行业领域的人才培养，并加强短期

---

① 张清玲. 泰国教育研究［M］. 南宁：广西教育出版社，2023：176–177.

培训，支持就业创业；第六，提高教职人员的素养，重点关注职业教育教师的英语水平和数字素养的提升，并扩充职业教育师资队伍，鼓励掌握熟练技能的人员加入教师队伍；第七，提高管理效率，将更多的教育经费用于提升师生技能、提高教职人员的工资福利等。

整体来看，泰国教育部职业教育委员会高度重视职业教育教学工作，为教学工作奠定了人财物等方面的基础，重视实践教学，倡导校企合作，多维度支持职业教育教学质量提升。

# 第三章
# 泰国职业教育的制度体系

　　制度是推进职业教育事业发展的重要因素，优良的制度体系有助于精准地把握一个国家职业教育发展的动向与趋势，能够有效地协同"政、行、企、校、研"多方主体力量。深化职业教育产教融合体制机制，能够为职业教育日常的运营管理提供标准化的保障，能够推动职业教育体系真正融入国家重大发展战略。总的来说，好的制度体系能够更加有效地推动职业教育提质培优和高质量发展。

　　泰国历来重视通过顶层设计来推动教育事业发展，纵观泰国职业教育的发展历程，每一次新制度的出台、重大战略的实施，都为职业教育带来了重要的发展契机。泰国职业教育也精准地抓住了这些契机，在制度的强力推进下不断创新发展，与泰国经济社会发展紧密结合，服务国家重大战略。时至今日，泰国的职业教育体系已初步具备了一定的规模和质量。因此，研究泰国职业教育的制度体系，尤其是研究泰国多元化、跨界性的制度设计，有助于我们深入了解泰国职业教育体系如何实现有效运行，以及如何能够同经济社会发展和产业转型升级之间形成良好的互动关系。

# 第一节　泰国职业教育的基本制度架构

近年来，泰国政府在国家重大战略的推进中更加清楚地认识到职业教育的重要价值，非常强调职业教育在国家发展中的战略地位，并给予了大量的支持。例如，泰国针对职业教育的发展专门出台了很多制度文件，为泰国职业教育发展奠定了强有力的顶层设计基础。从制度发布的主体来看，可以分为中央层面的制度和地方层面的制度。由于泰国强调简政放权，《国家教育法》第九条提出要把权力下放到地方管理机构和教育机构当中，强化地方和院校办学的自主权，因此在中央的宏观制度设计和地方的细化落实方面已形成了一定的协同机制。从制度内容上来看，主要可以分为两大类，一类是权威专业的法律法规体系，另一类则是相对比较灵活、直接面向时代需求和问题的政策文件体系，当然也包括国家发展的重大战略等。

## 一、泰国职业教育相关的法律文件

法律文件是最能够体现国家意志的规范性制度，具有权威性、专业性、强制性的特征。泰国职业教育相关的法律法规形成相对较晚，与职业教育有着最直接关系的《职业教育法》于 2008 年正式颁布实施，但这并不意味着泰国之前的职业教育没有顶层设计的支撑。《职业教育法》正式实施之前，泰国通过各类文件强调了职业教育的重要意义，并不断推进职业教育的发展，尤其是在国家发展战略、国家教育发展规划、国家经济社会发展战略等各类重大战略规划中都有关于推进职业教育发展的重要指示，这些都在很大程度上促进了泰国职业教育的发展。1999 年《国家教育法》的出台，意味着泰国整体的教育体系从以往的政策治理、战略治理、规划治理，逐步走向了更加权威、专业的法律治理。法律法规的正式形成，是基于长期的政策实践经验，总结、凝练并升华而成的。[①]

---

① 薛小蕙. 法律－文件共治模式的生成逻辑与规范路径——基于四十年教育规范性文件的考察 [J]. 交大法学，2021（1）：108-120.

《国家教育法》是泰国各级各类教育体系运行的基本遵循，它从一个相对宏观的角度规定了泰国各级各类教育的运行规范、管理机制、保障措施等内容。《国家教育法》首先明确规定了泰国职业教育与培训相关的机构类型主要包括公立院校、私立院校、培训企业、学校和企业合作办学等几种形式，既明确了泰国职业教育体系包含公立和私立的院校机构，也明确了融入企业的双元主体办学机制，为职业教育产教融合、校企合作奠定了重要的法律基础。在学生发展方面，《国家教育法》强调技术类的课程必须要在知识、思维方式、能力、德行和社会责任感方面促进人的全面发展。[①] 在教育行政管理方面，《国家教育法》要求泰国教育部下放教育的举办权和管理权（对各级各类教育都有这方面的要求），要把学术、预算、人力资源管理以及其他各项教育管理权尽可能下放到教育委员会、地方教育委员会以及地方的各教育机构中。对于职业教育领域而言，这些权力的下放便于职业教育更好地与地方特色结合起来，并充分吸纳地方产业界的力量，实现职业教育产教融合、校企合作的特色办学模式。在教育质量标准制定和保障机制方面，《国家教育法》要求设立专门的质量评估和标准保证监督机构，并且所有的教育机构都要接受外部质量评估，通过多元化的评价方式和权威性的质量标准，来确保各级各类教育的高质量发展。在师资队伍的建设、教育技术的应用以及教育经费的投入方面，《国家教育法》也提出了基本要求。此外，泰国还结合实际情况于 2002 年修订了《国家教育法》，专门提及教育部下设行政部门的调整，提出设立职业教育委员会，主要负责在国家战略规划的基础上制定职业教育领域相关的发展政策，并开发职业教育课程体系，对职业教育事业进行整体统筹规划与管理。总的来说，《国家教育法》站在一个相对宏观的角度，为泰国整体教育事业的发展提供了法律依据和保障，它也是其他各类教育法和政策文件制定的重要参考依据。

《职业教育法》于 2008 年颁布实施，要求泰国政府实行多样化的管理模式，鼓励社会各界，尤其是校企之间的交流合作，在国家层面设立职业教育委员会，加强对职业教育的指导。《职业教育法》中重点强调的理念

---

① 李枭鹰，唐敏莉. 泰国高等教育政策法规 [M]. 桂林：广西师范大学出版社，2013：10.

就是产教融合、校企合作。在宏观层面，《职业教育法》重点提出，职业教育必须与"国民经济和社会发展计划""国家教育计划"保持一致，培养各层次的高素质技术技能人才，以满足劳动力市场的需求，这体现了泰国职业教育体系的开放性特征：一方面在教育体系内部开放，与普通教育实现融通、协同；另一方面面向教育外的经济社会体系开放，尤其是要与产业协同、与劳动力市场对接、与经济社会发展共振。《职业教育法》强调职业教育的办学主体是多元化的，多方利益相关主体参与职业教育办学及管理是非常重要的，同时也强调要在职业教育和劳动力市场之间搭建起桥梁。在法律法规层面，泰国非常重视针对职业教育的各类保障举措。例如在师资队伍建设方面，《职业教育法》规定教师必须满足以下条件之一才能够在职业院校任教：一是具有本科层次的学历，并且有接受职业培训的经历；二是通过国家技能标准测试（National Skill Standard Tests），并且有相关毕业证书；三是通过国家技能标准测试，并且工作经验不少于5年；四是在自身专业领域从事研究等相关工作已超过5年；五是工作经验超过3年的高级技师。可见，泰国对职业教育教师的任职要求是比较灵活的，同时也能够保障其在专业领域的教学效果。

除了《国家教育法》和《职业教育法》这两个最基本的法律之外，与泰国职业教育相关的法律还包括《职业培训促进法（1994年）》（Occupational Training Promotion Act，1994）和《技能发展促进法（第二版）（2014年）》（Skill Development Promotion（No.2）Act，2014）等，这些法律都对职业教育与劳动力市场的对接起到了一定的规范和推进作用。

总体来看，泰国职业教育相关的法律法规以《国家教育法》和《职业教育法》为基础，其他相关的法案为补充，形成了推动职业教育高质量发展的优质顶层设计，尤其是以产教融合、校企合作的理念引导泰国职业教育与经济社会发展以及劳动力市场实现有效对接，这些对于泰国发展职业教育都有着重要的奠基作用。

## 二、泰国职业教育相关的政策文件

法律法规可以说是纲领性的制度体系，而在实际的职业教育运行和管理过程中，还需要更加灵活的政策文件予以配合。泰国尤其重视通过各类战略、规划等重大政策措施来推进职业教育发展，在这些政策文件的配合下，泰国政府在面对职业教育发展过程中的实践问题时，也能够以政策文件为基础，通过更加灵活的方式来破解难题。

与泰国职业教育发展相关的政策文件，首先是各类教育发展的规划和战略。1960 年修订后的《国家教育计划》提出要加强职业教育的技能培养和职业精神养成，服务职业发展。1966 年泰国教育的第一个五年计划提出的发展重点是中等职业教育，当然这也和当时泰国在第二次世界大战之后重振社会经济的时代背景有关，泰国政府认为职业教育能够在其中发挥十分重要的作用，于是将职业教育的发展提高到国家战略层面。此后，在多个教育改革发展的规划和战略文件中，都提出了适合当时形势的职业教育发展方针策略。例如在泰国《第九个国家教育发展计划（2009—2016年）》中提出要为特殊群体、弱势群体提供至少一种类型的职业培训，帮助其实现就业，体现出职业教育技能扶贫的可行性以及面向特殊群体、弱势群体的教育援助方式。泰国《教育改革第二个十年（2009—2018 年）》则对职业教育人才培养与劳动力市场需求对接提出了要求，深入分析职业资历中的知识、技能要素以及资历的认证机制，进而反哺职业教育，使其人才培养能够符合专业标准，适应市场需求。为了改变泰国传统社会观念中对职业教育不重视的现状，泰国《职业技术教育与培训计划（2012—2026 年）》中明确提出加大职业教育的宣传力度、扩大职业教育规模、提升职业教育质量等要求。泰国《国家教育计划（2017—2036 年）》提出，职业教育与普通教育的学生数量比例要从目前的 38∶62 提高到 60∶40，这是一个非常大的提升幅度，对职业教育的规模提出了重要要求，当然，这也是为了适应泰国当下技术发展、产业升级而提出的要求。①

由于职业教育和经济社会发展之间关系密切，泰国尤其重视职业教育服务经济社会发展的社会价值，并在各阶段的"国民经济和社会发展计划"中对职业教育的时代任务作出了规定。泰国《第七个国民经济和社会发展计划（1992—1996 年）》实施期间，正值社会对技工需求量极大之

---

① 阚阅，徐冰娜. 泰国教育制度与政策研究［M］. 北京：人民出版社，2020：226.

际，于是提出要扩大技工规模。泰国《第十二个国民经济和社会发展计划（2017—2021年）》为了提升企业参与度，以校企合作的方式提升职业教育质量，提出要大幅提升双元制学生规模、大力推行双元制的职业教育模式，确保职业教育人才培养能够满足劳动力市场的需求。泰国不同时期的"国民经济和社会发展计划"中涉及职业教育的部分，重点关注的任务和目标都是提升职业教育质量、适应市场需求、服务经济社会发展等方向，结合当时的经济社会发展状态，明确当时最适合的职业教育目标。

需要重点强调的是，"泰国4.0"战略、东部经济走廊计划等重大战略对职业教育也都提出了要求。例如，为了改变泰国经济发展模式，以创新为驱动来实现经济转型发展，"泰国4.0"战略对职业教育提出了重点要求，尤其是在数字化转型发展方面，要求职业教育必须提升数字化水平，加强对技术技能人才实践能力的培养，并且强调职业教育服务社区的重要意义。[①] 此外，"泰国4.0"战略也提出了泰国未来发展的十大重点产业领域，这对职业教育的重点发展方向提出了新的要求，职业教育自然要着重面向十大重点产业领域，与产业对接，培养相关专业领域的高素质技术技能人才，进而服务经济社会发展。东部经济走廊计划明确提出"职业创造国家未来"（Vocation Creates the Nation）的口号，为了实现这一计划，需要超过17万名具备职业资历证书的人才，但目前的缺口依旧很大，这就要求泰国要以更加优质的标准化体系来培养更多的技术技能人才。

自2014年以来，泰国政府一直在尝试推动职业教育体系的改革发展，以期在产业需求、生产效率和毕业生就业结果方面实现提升，加强毕业生和产业领域的需求之间的对应关系，并根据劳动力市场的需求来开展相应的培训项目。泰国教育部职业教育委员会负责职业教育与培训教学过程中的标准制定和课程开发，并于2017年启动实施职业教育领域的国家战略，旨在改善职业教育教学质量，并使其与国际标准对接，这一战略和"泰国4.0"战略存在着吻合之处，尤其是在提高生产效率以及摆脱中等收入陷阱方面。

---

① 李林娟. "泰国4.0"战略下的职业教育发展：路径、特点及趋势［J］. 职业技术教育，2022，43（12）：69-74.

这些政策文件、战略规划能够更加精准地捕捉到时代对于职业教育的要求，更有助于泰国职业教育精准对接市场需求，服务经济社会发展。

## 三、泰国职业教育的制度协同治理

法律法规和政策文件是泰国职业教育制度体系中最基本的构成要素，尽管两者对于推动职业教育发展的作用方式有所不同，但都为职业教育发展贡献了重要的顶层设计力量。从这两种制度所能发挥的作用来看，一般情况下，政策具有较强的灵活性，"它可以根据迅疾变化着的社会情势，发挥其灵活性特点，作出及时的应对和政策性调整"①。随着泰国的经济社会发展、技术迭代速度以及产业转型升级的步伐越来越快，与之密切相关的职业教育发展必须跟上步伐，这就进一步凸显出政策治理推动职业教育发展的重要作用。政策本身也有它的缺陷，正因它相对比较灵活，故在推动职业教育发展的边界划定上会稍显模糊，这正是法律法规的优势所在，而且政策文件相较于法律法规而言，其刚性也有所欠缺。②但法律法规在灵活性上又有所不足，仅仅依靠法律法规将无法满足当下泰国职业教育发展对顶层设计的需求。也就是说，法律法规有着权威有余、灵活不足的特征，政策文件则恰好能与法律法规形成互补关系。③

泰国职业教育恰恰选择了这种协同治理的模式，例如《职业教育法》提出要加强多元主体的参与，《第十二个国民经济和社会发展计划（2017—2021年）》则提出大幅扩大双元制学生规模的战略目标。法律法规在宏观层面提出要求、作出规定，政策文件则根据时代背景和经济社会发展要求给出更加具体的目标，并且在实际的治理过程中还可以随时发现泰国职业教育发展的关键发力点，进而作出新的调整。

---

① 刘作翔. 当代中国的规范体系：理论与制度结构 [J]. 中国社会科学，2019（7）：85-108.

② 瞿国强. 经济权利保障的宪法逻辑 [J]. 中国社会科学，2019（12）：100-120+201-202.

③ 王珩安，肖凤翔. 法政一体：校企合作中的企业权利保障机制 [J]. 中国职业技术教育，2021（27）：18-23.

# 第二节　泰国职业教育的制度运行机制

制度的生命力在于执行，优质的顶层设计如果不能落地，就无法真正实现职业教育的高质量发展。泰国职业教育制度在实际的运行过程中，秉持多元协同、简政放权的基本理念，大大提升了职业教育制度的执行效能，也为泰国职业教育发展提供了重要支撑。

## 一、增强部门之间的协同效应

职业教育是跨界的教育，职业教育的管理和运行也都是跨界的。尽管泰国职业教育隶属教育部职业教育委员会管辖，但在实际的职业教育制度支撑和管理运行中，并不是只有职业教育委员会在发力。

一方面，泰国其他政府部门也为职业教育提供了制度、管理等方面的支持。例如泰国劳工部（Ministry of Labour）于 1994 年颁布的《职业培训促进法》、2002 年和 2014 年颁布的两版《技能发展促进法》，为泰国技能开发、技能培训等项目提供了政策、经费等各方面的支持，极大地鼓励了企业为员工开展技能培训项目，在技能方面促进技术技能人才与劳动力市场的有效对接。而且，泰国劳工部自身的职能也包括了发展劳动力的潜力、促进劳动力的就业等，这些同职业教育发展是密切相关的。泰国劳工部还负责制定一些劳动力的标准，并帮助提升劳动力的技术技能水平等。此外，泰国内政部、泰国工业联合会、泰国商务理事会等诸多部门、协会在制定职业教育政策、开发职业教育培训项目等方面也起到了重要作用，财务相关的部门更是为职业教育的发展提供了有力的支持。另一方面，泰国教育部积极和其他相关部门对接，共同开展职业教育相关活动，增强部门之间的协同效应。例如 2018 年 3 月，泰国教育部、泰国外交部、泰国驻德国大使馆和泰国职业资历研究所（Thailand Professional Qualifications Institute）共同举办了职业教育论坛，探讨专业标准的提升以及私立职业教育的整合。通过举办类似的活动，加强了各部门之间的交流合作，也为多方协同奠定了重要基础。

整体来看，部门之间的协同是职业教育跨界属性对制度执行的要求。泰国以教育部职业教育委员会为主导，在其他各相关政府部门的大力支持下，完善了职业教育发展所需要的各种支持制度体系，并形成了一定的协同执行机制，为泰国职业教育体系的有序运行提供了有力的保障。

## 二、强化地方政府的管理权力

职业教育始终要面向地方特色，服务区域发展。《国家教育法》中多次强调要将教育权力下放给地方政府和教育机构，并形成了中央政府和地方政府之间的协同执行机制。例如，在面向特殊群体、弱势群体开展职业教育与培训方面，《第九个国家教育发展计划（2009—2016 年）》中就明确提出要为特殊群体、弱势群体提供职业培训，帮助他们实现就业。泰国的多项战略规划中也都提到了要为特殊群体、弱势群体提供职业教育培训项目，帮助他们谋生，使他们能够更好地融入整个社会体系中。在此基础上，泰国在各地成立了专门的"智慧工作中心"（Smart Job Centres），专门为包括退伍军人、老年人、犯人等在内的特殊群体提供职业技能培训项目。[1] 这类中心实质上是由中央牵头成立，再将权力下放到地方，具体的职业技能培训项目由地方相关部门主导实施。通过此类培训项目，特殊群体能够更快地了解社会的发展现状，了解劳动力市场的基本需求，并掌握专业的技术技能，这对于他们更好地融入社会有着十分重要的意义。

泰国的宪法规定，地方政府和相关组织有义务提供符合当地经济发展需求的教育与培训项目，结合地方特色开发适合区域发展的职业教育项目。泰国职业教育与培训的课程项目一般都是由地方设计的。在充分考虑地方发展的优势、特色以及需求的基础上，再提供合适的职业教育与培训项目，这是泰国政府下放权力、强化职业教育地方特色的重要举措。

通过下放教育管理和实施权力，地方政府和职业教育机构获得了更大的职业教育办学自主权，在此基础上，能够更好地结合自身的优势、特色

---

[1] UN. Thailand's Voluntary National Review on the Implementation of the 2030 Agenda for Sustainable Development [M]. New York：United Nations，2017：30.

与需求来兴办更加适合当地需要的职业教育。这种方式也很好地回应了《职业教育法》所提出的职业教育供给必须和国家经济社会发展计划相适应的要求。

## 三、推动社会力量的共同参与

泰国教育部职业教育委员会高度重视引入社会力量参与职业教育办学，实现职业教育多元共治的良好格局。泰国《国家教育法》明确规定允许社会各界力量参与办学，针对职业教育，更是鼓励积极吸纳企业力量来办学。职业教育培养的人才要对接劳动力市场的需求，要适应产业转型升级的需要，尤其是在重点产业领域，更是要加强与劳动力市场对接、吸纳企业力量参与办学的力度。这些都决定了职业教育必然不能只以学校为办学主体，而是要充分吸纳社会各界力量，将各界的信息、优势资源联结起来，形成职业教育多元办学格局。

政府、企业、学校三大主体在职业教育办学过程中都有着各自独特的优势。例如政府有强大的统筹协调能力，泰国政府十分强调职业教育和经济社会发展之间的密切关系，并通过各种战略规划、顶层设计来强化职业教育与产业、市场之间的有效对接，"泰国4.0"战略就明确了泰国职业教育与重点产业领域之间相互促进、协同提升的关系。企业所掌握的市场信息、行业需求以及技术技能型人才培养中的资源优势也具备相当大的价值。职业院校拥有相应的人力资源、技术资源、场地资源等基础性的教学资源，企业也可以提供相应的先进教学设备、实践性的教学材料、资金项目、实践教学机会和企业师资等。[①] 总体来看，职业院校所拥有的资源往往是理论教学方面的，企业的资源主要是实践教学方面的。也就是说，政府、企业、学校三大主体各有优势且能够形成互补关系，所以推动社会力量积极参与、形成多元主体协同办学的职业教育格局，对于职业教育发展而言是十分有必要的。

泰国《职业教育法》明确规定要在教育和劳动力市场之间构建起沟通

---

① 黄蘋，陈时见. 新时代职业教育校企命运共同体的内涵特征与实现路径［J］. 教育科学，2020（2）：76-81.

的桥梁，多元主体的协同十分重要，学校和企业之间的协同尤其重要。当然，除了学校和企业之外，泰国政府还积极吸纳了很多其他组织机构参与职业教育体系建设，其中包括一些评价组织。

整体来看，泰国教育部职业教育委员会积极吸纳社会各界力量参与职业教育办学，扩大了职业教育体系的开放性，强化了职业教育体系和社会各界的协同性，联结优势资源，创建协同机制，同时有效地回应了《国家教育法》和《职业教育法》所倡导的多元主体协同办好职业教育的要求。

# 第三节　泰国职业教育的制度保障机制

一个体系的有序运行，不仅需要优质的制度集合、有效的制度执行，同时也需要有力的制度保障，制度保障机制是确保泰国职业教育体系顺利运行的重要前提。制度保障机制可以从多个方面发力，例如保障产教融合、校企合作，保障经费投入，保障师资力量，保障职业教育标准合理化，等等。泰国对职业教育体系的制度保障机制主要包括三个方面，即经费投入、师资队伍建设和质量标准。

## 一、泰国职业教育的经费保障

所谓"巧妇难为无米之炊"，充足的经费是保障职业教育体系正常运行的基本条件，一般情况下，教育事业发展所需要的经费主要是由国家提供的。从泰国经费预算的数据来看，2019 年泰国教育部获得的预算达到 4 900 亿泰铢，居 19 个国家部委之首，大约 20% 的国家项目预算或 4% 的国内生产总值都用在了教育领域。① 总体来看，泰国用于教育的投入与亚

---

① Australian Government Department of Education. Thailand Education Policy Update - Vocational Education and Training Sector［EB/OL］.［2023-04-02］. https://www.education. gov.au/international-education-engagement/resources/thailand-education-policy-update- vocational-education-and-training-sector.

太经济合作组织中的其他国家相比也是比较多的。① 近年来，泰国教育部每年拨给职业教育领域的发展资金都在 260 亿泰铢以上，相对比较稳定，而这些资金主要由职业教育委员会来确定年度预算并进行合理分配。泰国《国家教育法》提出，教育经费可以采用多渠道的方式进行筹措，拓展经费来源对于提升职业教育质量有着极其重要的意义。从投资主体来看，泰国职业教育的投资主体主要包括政府部门、企业组织、培训机构和学生。政府部门主要是泰国教育部以及泰国劳工部技能发展司（Department of Skill Development，DSD）。根据泰国教育部 2020 年分配至职业教育领域的预算情况来看，职业教育发展的经费投资分别用在了教育质量提升、教师发展、教育技术提升、促进教育公平、南部边境省份教育、推进"泰国 4.0"战略、东部特别开发区、提升职业道德和伦理、预防毒品等方面。其中，投入最多的项目是促进教育公平，经费约占总预算的 76.95%，而此项目中投入最多的是支持完成中等职业教育的投资项目；推进"泰国 4.0"战略的经费约占总预算的 9.40%，与促进教育公平方面的投资相比差距较大。此外，泰国在职业教育基础设施建设方面也有比较多的投入。

自 2017 年开始，职业教育委员会将私立培训机构的补贴也纳入经费预算当中，这进一步提升了职业教育经费预算额度。劳工部技能发展司一般会为职业技能培训提供一定的经费支持，并且鼓励接受培训的学徒参加国家技能标准测试。② 企业也是职业教育的一个重要投资主体，2014 年颁布的第二版《技能发展促进法》规定，员工规模大于 100 人的企业每年都要为至少 50% 的员工提供技能培训，否则要按照一定的标准纳税，而这笔税款将作为发展基金来支持职业教育发展。同时，公立或私立的培训机构创收、学生的学费等，也都是泰国职业教育的经费来源。③

此外，泰国职业教育还积极与美国、世界银行等其他国家或国际组织合作，引入海外投资，为泰国职业教育的发展提供了较大的支持。

① 张清玲. 泰国教育研究［M］. 南宁：广西教育出版社，2023：178.
② Moenjak T.，C. Worswick. Vocational education in Thailand：a study of choice and returns［J］. Economics of Education Review，2003（11）：99–107.
③ 杜继明，董文娟. 泰国职业教育与培训投资机制、特征及经验借鉴［J］. 职教论坛，2021（10）：158–165.

总体来看，投资主体的多元化、投资方式的多样化，是泰国职业教育经费保障的重要特征。当然，国家层面的投资相对而言还是比较多的。在多元化的投资体制下，泰国职业教育基本获得了比较稳定的经费保障，并将其用于职业教育发展的各项任务中，持续提升职业教育质量。

## 二、泰国职业教育的师资队伍保障

　　教师是教育活动的重要主体，如果缺少优质的师资队伍，那么高质量的职业教育也就无从谈起。泰国高度重视职业教育的师资队伍建设，《国家教育法》中明确提出要提高教师的社会地位。鉴于教师在教育活动中的重要地位，故加强师资队伍建设是开展优质的职业教育活动的基本前提。泰国从扩大职业教育教师规模、提升职业教育教师素养等方面提出了新时期职业教育师资队伍建设的基本目标。

　　泰国职业教育的师资队伍主要通过师范学院、职业教育学院和专业学院等途径进行培养。在提升职业教育师资队伍素养方面，泰国通过国际化的方式积极引入国外的技能大师，同时也鼓励本土的职业教育教师走出国门。在中泰双方开展职业教育国际交流合作的过程中，就涉及很多职业教育师资培训项目，例如重庆电子科技职业大学开展的"泰国智能制造领域人才专业核心能力提升培训"项目，为泰国职业教育师资队伍提供了专业化的培训，进一步实现了泰国职业教育师资队伍的技能水平的提升。[①] 泰国教育部职业教育委员会下设有人事能力开发局，负责提升职业教育师资队伍水平，通过开发标准、加强评价、拓展项目、研发技术等多种举措，提升职业教育师资队伍的各项能力。职业教育委员会在职业教育事业发展中，专门抽出大约 2.5% 的经费预算投入教师发展项目，其中包括英语交流技能项目、教师潜能开发项目以及中职教师教学能力提升项目等。

　　职业教育委员会一直以来都在着力培养优质的职业教育师资队伍，开放了更多的教师引进渠道，例如政府的退休官员和企业的技术专家可以通

---

① 重庆电子科技职业大学. 我校教育部教育援外项目"泰国智能制造领域人才专业核心能力提升培训"顺利开班 [EB/OL].（2022-10-26）[2024-07-23]. https://onicd.cqcet.edu.cn/info/1251/2511.htm.

过泰国教育部统一组织的考试进入教育机构任教。泰国还推出了"专业教师计划"等项目，专门培养人才紧缺领域的师资。如前文所述，《职业教育法》明确规定，职业教育教师必须满足五个条件之一才能够进入职业院校任教，这有效保障了师资队伍的水平。

总体而言，泰国在职业教育委员会下设了专门的部门来提升职业教育师资队伍水平，通过多样化的方式，引入高标准，对职业教育师资队伍进行严格把关，同时积极拓展提升职业教育师资队伍能力的培训项目，通过提升现有师资队伍水平、引进高水平师资等举措不断完善泰国职业教育师资队伍，为泰国职业教育事业奠定了人力资源基础。

## 三、泰国职业教育的质量标准保障

质量是职业教育的生命线，提升质量是职业教育发展中的永恒主题。近年来，泰国依托各项国家重大战略以及国际交流合作项目，致力于提升职业教育质量、完善职业教育标准，并且取得了一定的成效，尤其是诸如与中国合作开展的鲁班工坊建设以及"中文＋职业技能"项目等国际交流合作，对泰国职业教育的发展起到了重要的推进作用。泰国多年来一直致力于建设职业教育质量保障的整体框架，1999 年颁布实施的《国家教育法》明确了各级各类教育都应该形成整体的质量保障体系，并且要包括内部质量保障和外部质量保障，进而提升职业教育的办学质量。

一般情况下，内部质量保障体系主要由教育机构自身负责建设，外部质量保障体系则主要由国家教育标准和质量评估办公室负责建设。内部质量保障体系的常规流程是，先根据相应的法律法规、政策文件以及标准体系初步制定适合自己的标准，大多数泰国的职业院校会直接采用国家教育标准和质量评估办公室的外部质量保障标准来对自己进行内部评估；制定标准之后，要按照计划来实施，此后进行质量检测工作，并形成内部质量评估的年度报告。按照要求，职业院校一般需要尽可能地将各项指标都提升到优秀层次。职业院校应对内部质量的检测结果进行分析，明确自身有哪些需要进一步完善之处，并且分析原因、提出改进措施。当然，职业教育委员会也会提供一定的建议，并进行跟进监督。在明确了原因和改进路径之后，就要持续提升职业教育质量，毕竟"以评促教"才是评估的目的所在。2018年，由职业教育委员会对全国的职业院校完成了一次整体的内部质量评估，评估的维度主要包括在校生和毕业生质量、德育、课程与教学情况、学校的管理和领导机制、教育资源的合理利用以及基础设施建设情况。在这些维度之下分别设置了一些评价指标：在校生和毕业生质量方面，主要通过调查研究的方式，关注学生的专业水平和毕业生的工作情况，分析毕业生的就业质量，并通过问卷调查，按照5级满意度的层次划分方式，评估毕业生对就业情况的满意程度，此外也会对毕业率等情况进行基础性的调研；德育方面，泰国十分重视职业教育中的德育管理工作，为学校行政人员、教师、学生等主体提供了专门的道德教育标准，为行政管理团队、教师团队、学生团体等制定了专门的"夯实道德"的相关规范；课程与教学情况方面，主要关注课程开发是否以能力为基础、是否与劳动力市场的需求相对应，以及课程学习计划是否能够支撑学生的就业等；学校的管理和领导机制方面，主要关注教学管理、课堂管理、教师是否参与学校管理过程，以及校内的管理层在学校管理方面是否有创新；教育资源的合理利用方面，主要关注学校能否合理调动资源，开展高质量的教育教学活动；基础设施建设情况方面，则主要关注教室、实验室的环境，资源中心和学习中心的建设情况，以及教育信息化方面的资源情况等。

职业教育外部质量保障体系的主要建设流程是：组建专家团队、收集评估数据，访问学校并开展实际的评估工作，监管评估者是否严格遵照国家教育标准和质量评估办公室的要求以及是否履行其职责，最后跟进并推动职业教育质量持续提升。[1]外部质量评估的最终目的是进一步聚焦各个职业院校发展过程中存在的问题，进而提高职业教育质量。

整体来看，泰国已经初步建立起比较完备的职业教育质量保障体系，通过专业的评估团队、权威的评估标准和指标、规范的评估流程完成对职业院校办学质量的评估工作，并以此为基础，明确职业教育仍需进一步发展完善的发力点，为持续提升职业教育质量做好准备。

---

① ONESQA. Manual for Vocational Education Institutions the Third-round of External Quality Assessment（2011—2015）[M]. Bangkok：ONESQA，2013：13—15.

# 第四章

# 泰国职业教育的校企合作

　　职业教育作为一种特殊的教育类型，与其他类型教育最大的不同之处在于，其办学模式、教育教学活动必须以产教融合、校企合作为基础。因为职业教育需要面向实际的产业需求和企业岗位进行人才培养，产教融合是职业教育办学的理念基础，而要落实产教融合的理念，则需要通过校企合作来实现，换言之，产教融合、校企合作是办好职业教育的关键。①

　　泰国教育部职业教育委员会高度重视校企合作，要求职业教育要充分和社会接轨，与劳动力市场之间形成紧密衔接的关系，将劳动力市场的需求融入泰国职业教育的人才培养体系中，深化职业教育与产业对接程度，确保接受职业教育的学生能够更好地在劳动力市场就业。

---

① 肖凤翔，王珩安. 校企合作法治化的目标框架与制度供给——基于权利视角的分析［J］. 中国高教研究，2021（05）：103-108.

# 第一节　大力推动校企合作的顶层设计

随着经济和工业发展速度的逐步提升，泰国政府越来越明确地意识到泰国未来的经济社会发展必然需要技术的大力推进，尤其是高精尖的技术更将成为推动泰国经济社会持续发展的强大动力。因此，泰国政府要求职业教育在培养人才的过程中，必须在数量和质量上都同泰国经济社会发展以及劳动力市场的需求相对应，这就要求职业教育机构必须和企业合作开发课程，共同开展人才培养活动。泰国政府为职业教育的校企合作提供了专门的支持，例如职业教育委员会发布的《中等和高等职业教育管理标准与指南（2019年）》对中等职业教育和高等职业教育的培养目标进行了系统梳理，且重点提到要和经济社会发展相适应，并强调在人才培养过程中的产教融合、校企合作。具体而言，泰国政府在制度安排、组织架构和标准管理等方面对职业教育校企合作进行了顶层规划和设计，以确保泰国职业教育在落地实施的过程中能够贯彻产教融合、校企合作的理念。

## 一、校企合作的制度安排

泰国政府在制度安排上高度重视职业教育校企合作，在各类法律政策文件以及其他发展规划类文件中都强调要推进职业教育校企合作，这为泰国职业教育校企合作打下了坚实的制度基础。

### （一）三种职业教育形式中的校企合作

在法律层面，2008年出台的《职业教育法》规定，职业教育的人才培养要回应经济社会发展的需求，达到劳动力市场各个行业领域对人才质量的标准要求。《职业教育法》还规定泰国职业教育有正规教育、非正规教育和双元制教育三种形式，同时提出在实际的职业教育实施过程中这三种形式可以进行组合，这就在办学形式上进一步强化了职业教育校企合作。

在正规教育中，虽然是以职业教育机构（主要指各级各类职业院校）

为主来开展职业教育活动，但在实际的活动实施过程中也强调要广泛吸纳各种社会力量参与办学，尤其是企业。正规教育形式的职业教育必须遵循 2019 年的《职业教育证书课程》和 2020 年的《职业教育文凭课程》等规章制度，[①] 重视培养学生在职业活动中掌握相关知识、习得相关技能、形成态度并拥有其他必要胜任力的能力，这也对职业教育校企合作提出了要求。

在非正规教育形式中，也重点强调校企合作。泰国《国家教育法》明确提出"'非正规教育'在学习目标、形式、方法、课程、学制及课程评估方面较为灵活……非正规教育的授课内容是以满足受教育者的需求、解决受教育者的具体问题为宗旨的"[②]，尤其是在面对职业生涯发展中的问题时，更加需要通过校企合作的形式来解决问题。同时，泰国《国家教育法》强调"受教育者的学习时间与地点不仅限于学校"，这为非正规教育形式的职业教育开展校企合作提供了依据。泰国于 2008 年颁布的《非正规与非正式教育促进法》（Promotion of Non-Formal and Informal Education Act）中提出了非正规教育的目标：一方面，要通过继续教育进一步提升泰国人力资源数量和质量，推动经济社会的可持续发展，提高人民生活质量；另一方面，要调动利益相关者的积极性，鼓励他们积极参与到教育活动中。非正规职业教育重点聚焦职业技能的训练和公共福利的提升。泰国有很多培训中心、社区学习中心可以提供各类职业教育学习活动，甚至一些主要开展正规职业教育的职业院校也会适当开展部分培训活动。2017 年，泰国非正规职业教育大约为 98.5 万人提供了职业教育与培训项目。泰国非正规与非正式教育办公室还提出了"一个社区一个职业团体"的政策，鼓励各个社区都建立适合社区环境的职业团体，开展职业技能培训活动。在开展非正规职业教育的过程中，强调广泛吸纳企业力量，开展更加符合社会需求的职业技能培训活动。

双元制教育形式的职业教育则更加强调校企合作，其本质就是一种职业教育机构或职业培训机构和企业签订合作协议共同开展职业教育活动的

---

① 阚阅，徐冰娜. 泰国教育制度与政策研究［M］. 北京：人民出版社，2020：269.
② 李泉鹰，唐敏莉. 泰国高等教育政策法规［M］. 桂林：广西师范大学出版社，2013：7.

形式，学生的学习过程被分为两个部分，一部分是在职业教育机构或职业培训机构进行学习，另一部分则是在企业进行学习或实践。泰国的双元制职业教育有着相对比较成熟的模式，例如两年制的职业教育项目——德泰双元制卓越教育（German-Thai Dual Excellence Education）项目，是泰国职业教育与培训网络（Vocational Education and Training Network）的重要组成部分，也是泰国积极学习德国双元制职业教育模式的重要成果，泰国教育部和德国驻泰国大使馆都十分支持这一项目。2012 年，德国 – 泰国商会（German-Thai Chamber of Commerce）和德国国际合作组织（German International Cooperation）在泰国宝马公司的帮助下正式将这一项目引入泰国，泰国在力学、汽车、电子、机械等诸多领域开展双元制项目。2018 年，中泰两国在泰国大城商业技术学院正式揭牌成立"柳州铁道职业技术学院大城府分院"，开展"1+1.5+0.5"（1 年在泰国本土学习，1.5 年在中国学习，0.5 年赴中国或泰国的企业实习）模式的创新型高铁人才培养项目，该项目于 2019 年入选第二批"中国 – 东盟职业教育特色项目"。[1] 泰国双元制职业教育模式通过深化校企合作，在人才培养方面取得了一定的成就。

## （二）职业教育管理中的校企合作

在职业教育管理方面，泰国《职业教育法》明确提出了校企合作的职业教育管理模式。泰国政府倡导企业参与职业教育和职业培训管理活动，并规定要配套相应的激励制度，确保企业参与职业教育校企合作的积极性。从狭义的角度去理解，校企合作主要指的就是学校和企业达成合作关系，共同开展人才培养活动。从本质上来看，校企合作就是学校和企业之间互惠互利的模式，无论是"合作"这一行为的特性，还是企业需要追求利益的特性，都决定了企业在参与校企合作的过程中需要得到激励。泰国正是充分考虑到这一现实情况，所以在法律文件中明确规定要鼓励企业参

---

[1] 柳州铁道职业技术学院. 服务"一带一路"倡议 助力中国产业走出去［EB/OL］.（2020–12–23）［2023–10–03］. https://www.ltzy.edu.cn/info/1037/6573.htm.

与职业教育，并要求配套相应的激励制度。

泰国《国家教育法》和《职业教育法》为职业教育校企合作奠定了国家意志的权威基础，同时在政策层面，泰国政府也强调与法律文件相呼应，配套实施职业教育校企合作的相关政策。例如，《教育改革第二个十年（2009—2018年）》重点强调校企合作的重要意义，并且提出要重点关注职业资历中的知识和技能，加强对学生知识和技能的培养，在资历认证的过程中要符合职业活动的标准，满足劳动力市场的需要。[①] 为了确保学习者通过职业教育学习能够掌握相应的知识和技能，泰国在《第十二个国民经济和社会发展计划（2017—2021年）》中也提出了重点目标，要求参与双元制职业教育的学生人数保持每年30％的增长速度，并确保通过泰国职业资历研究所认证的学生人数和通过国家技能标准测试的人数保持增长态势，这就对参与职业教育校企合作的院校和企业规模提出了更高的要求，也对校企合作人才培养的质量提出了更高的要求。泰国教育部2012年制定的《有关职业教育政策制定、目标设定以及职业劳动力开发的指导方针》（Vocational Education Guidelines for Policymaking, Goal Setting and Development of Vocational Manpower）明确提出，职业教育培养的职业人才要回应劳动力市场的需求。此外，泰国政府部门也出台了很多相关政策文件，着重强调职业教育要加强校企合作，例如《职业技术教育与培训计划（2012—2026年）》就提出要增强与企业的合作，提高职业教育质量。

在法律文件和政策文件的大力引导、支持和推动下，泰国各职业院校在学校规章制度中也充分体现了校企合作的相关要素。例如，泰国因武里工业与社区教育学院（Inburi Industrial and Community Education College）在职业教育组织管理方面提出一条重要战略方针，即加强公私合作伙伴关系，尤其是在课程与教学方面，更加强调必须与企业合作，按照劳动力市场对人才综合能力的要求，开发符合劳动力市场需求的能力型课程，提供支持学生学习的环境、材料、设备和教材等，大力培养学生在知识、技能和态度方面的素养，为企业培养潜在的员工。此外，因武里

---

① Office of the Education Council. Proposals for the Second Decade of Education Reform（2009—2018）［R］. Bangkok：Ministry of Education，2009.

工业与社区教育学院也致力于面向社区需求提供专业化的服务，以增强与社会组织之间的关系，进一步推动校企合作活动。泰国孔敬职业学院（Khon Kaen Vocational College）同样在其愿景、理念和使命中提出要为社区和社会发展提供专业服务、做出贡献，其办学理念是"创新技能，紧随技术发展步伐，重视道德，引领行业"，实质上也表达了孔敬职业学院重视与社会各界联动、加强校企合作、培养应用型人才的愿景。吉拉达技术学院（Chitralada Technology Institute）高度重视职业教育校企合作，下设吉拉达职业学校（Chitralada Vocational School），其毕业生可获得职业资历证明（Vocational Certificate，Voc. Cert.）或高级职业资历证明（High Vocational Certificate，High Voc. Cert.），共有 25 类职业资历证书，其中多项职业资历证书都是通过双元制职业教育课程提供的。[①]

总体来看，泰国为职业教育校企合作提供了强有力的顶层保障。在国家层面，通过法律和各种政策的组合，明确了职业教育校企合作的重要意义和地位，为实际的职业教育校企合作开展提供了顶层保障；在学校层面，泰国各职业院校落实国家法律和政策精神，将职业教育的人才培养和劳动力市场的需求紧密结合在一起，强调学校要和社会组织（尤其是企业）对接开展合作。从国家到学校，泰国职业教育体系形成了自上而下共同推动校企合作的战略理念和行动方略。

## 二、校企合作的组织架构

校企合作名为"校"和"企"，但在实际的实施过程中，发挥重要作用的主体不仅仅是校企双方，我们通常提到的"政、行、企、校"（即政府、行业协会、企业、职业院校）四大职业教育治理主体都在职业教育校企合作办学模式中扮演着重要角色。泰国推动校企合作的相关主体主要是政府、企业和职业院校，三方通过各自的分工与合作，协同促进泰国职业教育校企合作不断走向纵深化。职业院校和企业是校企合作最直接的利益

---

① Chitralada Technology Institute. Facts & Figures［EB/OL］.［2023–10–08］. https://www.cdti.ac.th/en/facts-figures/.

相关主体，共同实施职业教育人才培养活动，而泰国的政府部门在职业教育校企合作中也起到了十分重要的推动作用。

在国家层面推动职业教育校企合作的主体主要是泰国教育部职业教育委员会，该委员会负责泰国职业教育发展规划的相关工作，校企合作也是其中的一项重点工作。该委员会推动职业教育校企合作的主要方式是提出相关的法律、法规、政策和标准等，做好职业教育发展规划，指导并促进职业院校和其他社会组织（主要是企业）进行合作。该委员会下设的七个机构在推动职业教育校企合作方面协同并进，加强职业教育校企合作的战略研究、效果评价、制度研制等工作，从国家层面提供大力支持。

职业教育与地方经济社会发展的关系极为紧密，因此，世界各国在发展职业教育的过程中，都会充分考虑国内各个地区的经济社会发展水平和特色优势，确保职业教育能够和地方经济社会发展实现有效联动。泰国在中部、东部与曼谷、东北部、北部和南部五大区域分别成立了职业教育促进与发展中心，专门推动各区域的职业教育事业发展以及职业院校同其他社会机构（主要是企业，也包括其他社会机构等）的合作。

为了充分发挥促进地方职业教育事业发展的功能，这五大区域的职业教育促进与发展中心最主要的方式是监督、监测和支持，通过落实职业教育委员会的政策要求，加强对地方职业教育的管理、监督和评价工作，确保地方职业教育能够达到质量标准，切实培养出一批爱国、有道德、有知识、有技能、有专业经验的人才。在这一过程中，五个职业教育促进与发展中心着力推动职业教育创新发展研究，加强创新媒体和教育技术在职业教育中的应用，在课程开发和人才培养方面也充分将校企合作的理念融入职业教育行动中。

企业和职业院校是职业教育校企合作最核心的两个主体，承担着直接开展校企合作人才培养活动的职责。泰国《第十二个国民经济和社会发展计划（2017—2021年）》在人力资源开发方面着重强调要推动双元制职业教育和合作教育模式，确保职业教育的学生在进入劳动力市场之前能够习得必要的技术技能。在双元制职业教育模式中，校企双方在招聘新生、面试、学校报名和实习合同签订、学生培训、教学内容与方式的安排、课程制定、考核与监督评价等环节都要共同参与，合作开展相应活动。私营企业、国有企业以及一些政府部门在参与校企合作之前，需要先和职业教育委员会管辖的职业教育机构签订合作协议，构建课程体系和评估标准，之后再进一步推动学生参加实践类的课程。

职业院校内部往往也会设置校企合作的相关部门。例如，泰国孔敬职业学院设有专门的双元制职业教育部，能够对该学院的双元制职业教育模式的开展做出合理的引导，并提供专门的服务。又如，泰国因武里工业与社区教育学院也设有专门的双元制职业教育部，并配置了 7 名教职工开展日常管理运营工作，还设置了特别项目与社区服务的相关部门，通过校企合作的方式让学院能够对接社会并开展社区服务项目，这两个部门的人员之间也存在相互兼职 / 交叉的关系，这进一步促进了学院与社会各界之间的有效对接：一方面能够加强学院开展社区专项服务的能力，另一方面也能够推进双元制的人才培养，提升职业教育人才培养质量。

总体来看，泰国职业教育校企合作的利益相关主体主要是政府、企业和职业院校三方。政府部门负责对职业教育校企合作进行统筹规划，并提供相应的资源进行协调。其中，国家层面的政府部门（即职业教育委员会）负责对全国的职业教育校企合作进行统筹规划，为其制定政策保障措施，提供相应的资源支持；地方层面则由五大区域的职业教育促进与发展中心负责各自区域职业教育的发展、监督与评价工作，确保职业教育校企合作能够高度契合地方需求，服务地方经济社会发展；企业和职业院校则作为职业教育活动的主体，负责具体落实校企合作行动，在职业教育人才培养的各个环节（例如人才培养方案制订、课程体系设计、教学过程实施等）合作开展相关活动，面向劳动力市场需求，培养符合经济社会发展需要的应用型人才。

## 三、校企合作的标准管理

为保障并提升职业教育质量，加强职业教育校企合作，确保职业教育大力促进经济社会发展，泰国提出构建职业教育质量保障体系，其中也为职业教育的发展和校企合作办学模式的构建提供了多维度的标准。

泰国职业教育质量保障体系包括内部质量评估与保障和外部质量评估

与保障。内部质量评估与保障主要由教育部为职业院校或职业教育监督机构制定教育质量管理、追踪和监督评价标准。一般内部质量评估分为两种，一种是由职业院校进行的内部质量评估，另一种是由政府部门进行的内部质量评估，通过职业院校和政府部门的评估诊断，最终形成内部质量评估报告。评估报告的编制过程从收集相关数据开始，在对数据进行分析总结后形成内部质量评估报告初稿，经逐层向上提交审批后向公众开放，随后相关部门根据评估结果和各界建议进一步推动职业教育质量提升。外部质量评估与保障则主要由国家教育标准和质量评估办公室或其他的外部评估者对教育质量进行管理、追踪和监督评价。泰国要求学校在职业教育评估以及质量提升的过程中必须将内部和外部的质量评估与保障结合起来，同时要求学校在社区和其他社会机构的参与和支持下定期进行内部质量评估，以确保职业教育质量。

在职业教育质量保障体系中，泰国提出了一条重要的原则，即职业院校应坚持多元参与的原则，积极吸纳政府部门、社区、事业单位、私营企业以及其他相关机构参与职业教育的标准制定与质量评估。根据此项原则，职业教育委员会给出了多项校企合作提升职业教育质量的相关标准，例如学校是否能够有效落实上级部门的政策，获得家长、社区、企业和其他相关机构的支持，尤其是校长，要能够和外界各相关主体／机构进行沟通，在政策的基础上了解并对接社会的需求，推动职业院校和企业等相关主体的合作。此外，该委员会还专门提出一条有关"协调合作"的管理标准，要求职业院校要能够和其他的个体、社区、企业等相关主体进行协调合作，共同开展有效的职业教育管理活动。此条管理标准主要关注职业院校是否能够和其他的个体、社区、企业的相关主体开展合作并引入相应的教育资源，以及职业院校是否能够让学生参与多元主体的技能培训或专业教育活动等内容，为泰国职业教育校企合作长效机制的构建指明了方向。职业教育委员会在教学管理方面也提出了校企合作的相关标准，鼓励支持并监督确保课程教学活动能够直接满足劳动力市场的需求，提升人才培养的质量。此条标准主要关注的问题包括：学生学习是否能够达到双元制的相关要求，职业院校是否支持并确保学生在符合其专业学习领域的企业中至少有一次专业技能训练的经历，职业院校是否鼓励学生以个体或团体的形式在专业学习领域开展与职业技能发展相关的项目、进行专门的职业技能训练等。职业教育委员会还提出，在正规的课程体系之外，职业院校要重点安排各种类型的课外活动，其中包括面向社会提供专业化服务。以上这些标准条目均是职业教育委员会在职业教育质量保障体系中明确提出的，其目的就是要通过"以评促教"的方式，将校企合作深度融入职业教育发展的质量标准体系中，持续推进泰国职业教育校企合作的纵深发展。

泰国制定并颁布了《职业教育标准（2018 年）》，对职业教育毕业生的素质、职业教育管理方式和建设学习型社会提供了相应的标准，在职业教育管理标准中，对校企合作开展课程教学以及管理活动提出了相应的要求。职业教育委员会为了更好地推动标准化的职业教育管理，明确规定了各级各类教育机构的职责。例如，教育部的主要职责是针对职业教育事业发展和推动校企合作的现实需求，明确教育政策，制定国家层面的职业教育计划和标准，发布与职业教育相关的规章制度，公布各级各类职业教育的标准，加强职业教育的质量保障等。职业教育的监管机构要进一步确定教育部为职业教育所制定的相关政策、标准，并指导职业教育实践活动，对学校的自评结果进行分析并向其提供专业化的建议，给出更加全面的职业教育质量评估报告，引领职业教育高质量发展。职业教育机构的主要职责是要在内部建立质量保障体系，并接受外部的质量评估等。也就是说，在职业教育校企合作的标准管理方面，教育部、监管机构和职业教育机构各有其职责分工，从相对宏观的标准设计到具体的标准体系构建，均为职业教育质量提供了保障，以确保职业教育校企合作能够有效推进。

职业教育委员会直接负责深化职业教育校企合作，与此同时，泰国其他政府部门也通过标准制定的方式助力职业教育发展。例如，泰国劳工部下属的技能发展司专门负责制定国家职业技能标准，并为那些即将进入和已经进入劳动力市场工作的人才提供职业技能培训和测试认定服务，测评人才的技能水平。技能发展司专门提供国家技能标准认定系统，提供劳动力市场各个行业的人才相关标准，这就直接为职业教育人才培养指明了方向，有效奠定了职业教育校企合作宏观层面的标准基础。[①] 此外，技能发

---

① UNESCO-UNEVOC. TVET Country Profiles：Thailand［EB/OL］.［2023-10-10］. https://unevoc.unesco.org/home/Dynamic+TVET+Country+Profiles/country=THA.

展司能够对泰国的国家技能标准、海外工作的技能标准以及一些特殊产业或服务业领域的技能标准进行测评，还能够开展相应的技能培训计划，构建技能发展的整体体系，推动泰国国内外的技能标准认定，促进泰国人才技能水平与国际标准对接。这些都为泰国进一步推动职业教育专业对接国内外产业需求打下了坚实基础，强化了职业教育校企合作。

由于职业教育和地方经济社会发展的关系极为紧密，加之泰国政府高度重视地方职业教育的特色化、优质化发展，故五大区域的职业教育促进与发展中心为各自的职业教育校企合作也制定了合适的标准。职业教育促进与发展中心负责各自区域职业教育的质量保障与评估，结合职业教育委员会制定的质量评估标准，对各自区域的职业教育发展、学习过程监督、教育成果产出等能够体现职业教育质量的要素进行监督与评估，其中也涉及部分职业教育校企合作的相关内容与标准。

具体到学校层面，泰国各职业院校也制定了职业教育校企合作的部分相关标准。例如，柳州铁道职业技术学院大城府分院实施"1+1.5+0.5"模式的创新型高铁人才培养项目，明确规定了职业教育的学习者在学校和企业分段学习的时间，有效落实了泰国教育部职业教育委员会对职业院校提出的参与多元主体提供的技能培训和专业教育活动，以及在符合学生专业学习领域的企业中至少有一次专业技能训练的经历等相关要求。吉拉达技术学院也为职业教育校企合作制定了相关标准，例如：在常规的职业教育模式下，要求学生毕业前必须在夏季学期参加全国 80 多家领先企业组织的真实工作场景的实践培训活动；在双元制职业教育项目中，该学院和国内先进的企业开展合作，为学生订立了专业实践计划，包括校内的实践训练和企业真实工作情境下的培训。这些校级标准的制定，为职业教育校企合作的落地提供了最直接的参考标准，也让职业院校和企业能够根据双方的需求实现精准对接与合作，对于提高职业教育人才培养质量有着重要意义。

总体而言，国家层面、地方层面、学校层面均为职业教育校企合作的推进制定了相关标准，为职业教育校企合作活动的实际开展提供了参考依据，依据专业标准构建的校企合作管理模式也为泰国职业教育的发展带来了强劲动力。

# 第二节 有力支撑校企合作的长效机制

产教融合、校企合作是职业教育的灵魂。职业教育作为国民教育体系的重要组成部分，对经济社会发展有着十分重要的促进作用，但职业教育在促进经济社会发展的过程中也体现出了两个特性，即延迟性和长效性。职业教育的"产品"其实就是技术技能人才，但技术技能人才充分发挥自身优势，为企业发展、本国经济社会发展做出贡献是需要时间的，因此，深度参与校企合作对于追求收益、回报的企业而言有相对较高的风险，这就需要泰国发力构建职业教育校企合作的长效机制。职业教育对于一个国家的发展有着长期的价值，而教育活动是需要国家长期谋划的，职业教育的长期有效运行离不开产教融合、校企合作，这就要求泰国要进行职业教育校企合作的长期谋划。

## 一、构建社会广泛支持职业教育的格局

构建职业教育校企合作的长效机制，核心在于充分调动社会各界力量，形成重视职业教育的社会氛围，提升各主体的参与意愿。泰国政府十分重视和鼓励社会各界参与职业教育活动，泰国《职业教育法》着重强调多元利益相关主体参与职业教育的重要意义，要求政府部门、职业教育机构、事业单位、企业等公共部门和民营机构要不断深化职业教育和劳动力市场之间精准对接的关系，泰国政府也出台了多个政策文件，鼓励全民参与职业教育，鼓励企业、工厂、社区等多元化的主体都和职业教育构建合作网络关系。①

泰国政府重视双元制的职业教育模式，并将双元制教育归为泰国职业教育的三大类型之一。双元制是德国职业教育的成功范式，在世界范围内备受赞誉，很多国家都在积极学习德国双元制的职业教育经验，泰国也是其中之一。此外，泰国积极引入德国的优质职业教育资源与标准，与德国

---

① 张蓓. "泰国4.0"战略背景下泰国职业教育发展现状及改革策略研究［J］. 柳州职业技术学院学报，2022（5）：85-90.

在职业教育领域开展多个合作项目，推动了泰国本土化的职业教育发展。但泰国并不是完全照搬德国双元制的职业教育模式，而是充分结合了泰国的本土特色与优势。德国双元制最核心的主体是职业院校和企业，政府也参与其中并发挥一定的作用，但从投资的比例以及人才培养的精力投入方面来看，企业在德国职业教育体系中发挥的作用极大。泰国尽管也十分强调企业的重要作用，但在企业的投资力度等方面还无法与德国媲美。泰国在重视企业参与的同时，也鼓励其他社会机构积极参与，例如社区，并在很多文件中都提到了职业教育要为社区提供专业化的服务。泰国政府为企业参与职业教育校企合作出台了很多激励措施，例如通过财税政策等相关措施协调企业和职业教育机构之间的关系，为社会多元主体参与职业教育活动奠定了良好的基础，激发了社会各界参与职业教育的积极性。

泰国借鉴德国双元制的职业教育模式，取得了一定的成就，有效提升了职业教育质量。但在社会层面，仍有很多学生家长对职业教育抱有偏见。为此，泰国政府成立了"解决中心"（Fix It Centers），通过职业教育，在学生和社区之间构建起了有效衔接的桥梁，学生可以通过实践获得收入，在服务社区的过程中还能够减少民众对职业教育的偏见。同时，泰国政府十分重视为职业教育发展营造良好的社会环境，例如推出"学习与赚钱"（Learn and Earn）战略，为很多低收入家庭的学生提供了相对合适的教育选择；提出了很多宣传职业教育的标语口号，如"职业教育是一个很好的选择，免费且能赚钱"（Vocational Education is a Good Choice，Free Tuition and Earn Income）、"毕业即就业"（Jobs are Available for You after Graduation）、"学习农业职业教育，免费食宿"（Study Agricultural Vocational Education with Free Accommodations and Free Meals）等。[①]通过这些社会宣传，能够有效地改变泰国民众对职业教育的偏见，进一步提升泰国社会对职业教育的认可度，这对于深化校企合作而言也有着重要的意义。

整体来看，泰国充分结合本土特色，重视社会整体氛围的营造，不断推进改变泰国社会对职业教育的偏见，倡导形成全民支持、多元参与的职业教育校企合作格局，有效推动职业教育与劳动力市场的精准对接，强化

① 阚阅，徐冰娜. 泰国教育制度与政策研究［M］. 北京：人民出版社，2020：226.

职业教育对泰国经济社会发展的促进作用。

## 二、明确多元主体共同培育师资的职责

泰国职业教育校企合作的核心任务是培养符合劳动力市场需求、符合经济社会发展需要的技术技能人才，师资队伍的建设则是深化职业教育校企合作、提升职业教育人才培养质量的重要基础。职业教育校企合作长效机制的构建，要求泰国必须有一支强大的职教师资队伍，能够在职业教育领域持续培养大规模的技术技能人才。2020 年泰国教育部在职业教育教师发展方面的预算分配接近 3 亿泰铢，在所有职业教育项目投入中，虽然比促进教育公平、推动"泰国 4.0"战略、教育质量提升等项目的投入少，但比其他职业教育项目的投入都多。可见，泰国十分重视职业教育师资队伍的建设。

泰国《十五年职业教育培养和发展劳动力的政策和战略（2012—2026年）》提到要提高职业教育教师的数量和质量，并为此制定了三大战略和六大配套措施。[①] 三大战略分别为：扩大职业教育教师规模、提高职业教育教师素质、加强与其他机构合作。六大配套措施分别是：政府支持职业教育师资培养、引入来自私营机构和社区的职业教育人员、培养职业教育教师和其他教职员工、加强职业教育师资队伍的继续教育与培训、加强与政府部门的合作、加强与私营部门和社区的合作。此外，泰国政府还大力引进国外职业教育优质师资，并派遣本国职业教育师资赴国外进修，这对于职业教育师资队伍建设有着重要的意义。

从师资队伍的培养机构来看，泰国职业教育师资培养主要是由教育机构来完成的，例如师范学院、职业教育学院以及其他的专门学院（如农学院里会专门开设职教师资培养的课程项目等）。但在培养过程中，其实是以政府主导、校企合作的方式来进行的。泰国教育部职业教育委员会专门设立人事能力开发局，负责职业教育师资队伍的培养与能力提升。具体而言，职业教育教职工能力发展局的主要职责包括：第一，政策引领，明确

---

① 张清玲. 泰国教育研究［M］. 南宁：广西教育出版社，2023：183.

职业教育师资队伍培养的相关支持和保障政策，尤其是强调要在企业真实的工作情境中培养职教师资的实践能力；第二，标准构建，确定评估职教师资综合能力的标准，以便于判断职教师资的培养水平；第三，合作协调，职教师资的培养涉及实践能力的养成，这不仅需要学校发力，还必须通过校企合作的方式来实现，在这一过程中，政府部门需要充分发挥其协调者的角色作用，协调公私关系，加强资源整合；第四，技术支持，调动各方力量与资源开展教育技术方面的研发工作，将信息技术融入教育教学系统中，提升职教师资的信息化能力。总体来看，职业教育教职工能力发展局的职责主要是引领和协调，实际的职业教育师资队伍培养是通过校企合作的方式来完成的，政府部门所起到的主要作用就是协调校企之间的关系，助力达成合作，辅之以政策和标准的引领，确保高质量职教师资的培养。在这一过程中，政府部门可以组织一些专项项目，引导推进校企双方共同开展师资培养活动。

学校在培养职教师资的过程中扮演着核心角色，主要负责落实职教师资培养事宜。具体而言，学校的主要职责包括：第一，人才培养，依据政府部门给出的相关政策和标准，落实具体的人才培养活动，培养高素质职教师资；第二，综合管理，职教师资的培养需要管理、协调、监督、评价、完善，最终的职教师资培养效果也需要形成报告，学校作为人才培养的核心主体应当承担起管理职责；第三，对接企业，学校在实际的职教师资培养过程中需要和企业进行对接，以提升职教师资的实践能力；第四，效果评价，与企业合作共同针对人才培养的效果进行评价，评估职教师资的培养质量及其发展潜力等；第五，汇报总结，学校要根据职教师资培养的实践经验形成相关报告，向上级部门进行汇报，协同政府部门和企业共同促进职教师资培养质量的持续提升。

企业在职教师资培养的过程中也扮演着重要角色，主要与学校协同，共同完成职教师资的培养与评价。具体而言，企业的主要职责包括：第一，协同行动，与政府部门和学校共同制订职教师资培养和专业化发展的相关计划；第二，合作培养，在政府部门的引导下，与学校形成合作关系，共同开展职教师资的培养活动，尤其重视实践能力的培养；第三，效果评价，与学校合作，共同针对人才培养的效果进行评价，通过"以评促教"的形式进一步促进职教师资的专业发展。

此外，职教师资作为被培养的对象，也是一个十分重要的角色，其职责主要是配合学校和企业的培养活动，结合自身的经验与能力，实现自我成长，并对自身的发展进行总结评估。

总体而言，优质的职教师资培养和长效的校企合作机制之间是良性互动的关系，职业教育师资队伍的建设能够更好地促进职业教育校企合作的纵深发展，而职业教育师资队伍的培养也离不开校企合作的长效机制，二者相辅相成、相互促进。

## 三、深度融入持续发展的终身教育体系

终身教育、终身学习、生涯发展是当今时代教育事业发展的重要理念支撑，也是全球教育事业发展的普遍趋势。职业教育也可以分为职前教育和在职教育等，在劳动力两次就业之间可能存在的"再就业"的相关培训，从广义上来讲也属于职业教育的范畴。事实上，终身性本就是职业教育的一项属性，[①] 要构建职业教育校企合作的长效机制，必然要充分考虑职业教育的终身性，在职业生涯各个阶段都要推进职业教育校企合作。

泰国终身教育的发展主要经历了三个阶段，三个阶段各有重心，第一阶段以成人教育为重心，第二阶段以职业技能培训为重心，第三阶段将终身教育作为国家教育的重要原则，促使终身教育的理念充分体现在整个泰国教育体系中。20 世纪中期，由于泰国基础教育的普及率相对较低，成年人的文盲率相对较高，国民素质亟待提升。例如 1937 年，泰国文盲率达到 70% 左右，这对于泰国经济社会发展而言是极其不利的。为此，泰国教育部于 1940 年下设成人教育司，专管成人教育相关事务，泰国终身教育发展正式进入第一阶段。彼时泰国成人教育的主要作用是扫除文盲，进一步提升国民的基本素质。1941 年，泰国建立了第一所成人学校，之后教育部联合其他政府部门在全国范围内开展了第一次扫盲运动，取得了一定的成效。但是泰国政府也意识到，由于扫盲之后没有进一步配套其他

---

① 赵文平，李向东. 职业教育学新编：第 4 版［M］. 北京：高等教育出版社，2022：33-34.

项目，虽然国民在扫盲班习得了一些基本知识，但在经济社会发展的过程中，他们又会很快被社会淘汰，重新成为文盲，这促使泰国进一步考虑新的成人教育和终身教育战略方针。1967年，泰国《第二个国民经济和社会发展计划（1967—1971年）》提出，泰国在经济社会快速发展的过程中面临着技能供需结构性失衡、技能短缺等问题。当时的泰国迫切需要解决这些问题，因此泰国政府将成人教育和终身教育的重心转移到成人的职业技能培训上，自此，泰国终身教育发展步入第二阶段。在这一阶段，泰国教育部成人教育司主要参考的是联合国教科文组织推出的功能性扫盲计划（Functional Literacy Programme），更加关注成人的职业技能和生活技能训练，这就进一步扩充了泰国成人教育的内容，让成人教育与人们在社会发展过程中对技能的需求紧密结合在一起。泰国在各地成立了成人教育中心，按照劳动力市场和经济社会发展的需求开展多样化的短期职业培训活动，也鼓励各个社区开展相关职业培训活动。此后，泰国不断扩大成人教育的目标群体。1971年成立了泰国第一所开放大学——兰甘亨大学，1972年将成人教育司更名为非正规教育司，将技能培训、职业教育的相关项目融入其中，旨在持续为成年人的终身学习开拓渠道，加强技能训练。1999年，泰国《国家教育法》出台，将终身教育作为一种理念贯彻到泰国整体的教育体系中，并且进一步拓展了终身教育的内容，自此，泰国终身教育发展进入第三阶段。2008年，泰国颁布《非正规与非正式教育促进法》，并将非正规教育司更名为非正规与非正式教育办公室，面向不同的群体开展更加多元化的教育培训项目。泰国政府大力倡导社会各界充分联动，推动社会力量的广泛参与，逐步推动全民终身教育，构建终身学习型社会。

时至今日，技能的发展速度越来越快，人们的学习诉求越来越多样化，这对泰国职业教育也提出了新的要求。对于泰国职业教育而言，职业教育校企合作长效机制的构建必然要充分考虑到泰国民众在终身学习型社会中的需求。泰国终身教育体系也强调校企合作，要求"政府主导、部门协同、社会广泛参与"，[①]尤其是在非正规教育中，要积极协调政府部门、企业、社区等利益相关者。职业教育融入终身教育体系，将校企合作的范

① 阚阅，徐冰娜. 泰国教育制度与政策研究［M］. 北京：人民出版社，2020：284.

围进一步扩大，实质上也是拓展了职业教育校企合作的渠道，在职前、工作后都建立起了有效的职业教育校企合作模式，这就以多层次、多阶段、多维度的校企合作模式为职业教育校企合作长效机制的构建打下了基础。

此外，泰国政府也积极推动国家资历框架建设，一方面在职业教育和普通教育之间构建学分互认与转换机制，另一方面在教育和劳动力市场之间建立衔接贯通机制（主要是教育资历和职业资历的等值互认，例如接受专科层次的职业教育获得的技术教育文凭可以对应专业资历的 4 级和 5 级，也可以对应国家技能标准的 2 级和 3 级，详见第五章），这也为企业工作经验和受教育经历之间的有机结合提供了参考依据。

"泰国 4.0"战略进一步倡导泰国职业教育服务社区，与经济社会发展紧密结合，[①] 实质上也是面对经济社会发展的新要求，从终身教育、终身学习的角度进一步为职业教育增值赋能，强化职业教育与经济社会发展之间的密切关系。在技术发展越来越快的时代背景下，职业教育必然要持续推动校企合作纵深发展，以职业教育校企合作长效机制保障职业教育能够跟上技术和经济社会发展的步伐。

总体而言，泰国政府通过扩大职业教育范围，将职业教育融入终身教育体系中，进一步拓展了职前、在职等多种模式的职业教育校企合作，更加凸显了职业教育校企合作的重要意义。同时也表明，未来的职业教育校企合作不能仅仅停留在正规教育和职前教育，面对技术的快速发展，职业教育校企合作也要强调终身性，构建合作更加长期、关系更加紧密的长效机制。

# 第三节　着力落实校企合作的实践行动

要想真正推动职业教育高质量发展，必须把国家层面对校企合作的要求落实落地，在实践中深化校企合作。为回应泰国顶层对职业教育校企合

---

① 李林娱. "泰国 4.0" 战略下的职业教育发展：路径、特点及趋势 [J]. 职业技术教育，2022，43（12）：69-74.

作的大力推动，泰国各职业院校积极推动校企合作，在实践的过程中积累了丰富的职业教育校企合作经验，培养了一系列能够支撑泰国经济社会发展的高素质技术技能人才。

"泰国 4.0"战略推出之后，泰国教育部持续推广大量的高等教育、职业教育与企业的合作项目，包括工学结合项目（Cooperation Education and Work Integrated Education）、公私合作伙伴奖学金项目（PPP Scholarship Program）等，以加强高等教育和职业教育同劳动力市场的联系。[①] 泰国也着力实施集团化办学模式，推进政府部门、培训机构、职业院校和企业等主体形成资源共享、优势互补的职业教育团体，进一步服务"泰国 4.0"战略培养创新型、应用型人才的目标。[②]

为了进一步回应"泰国 4.0"战略的创新发展需求，泰国教育部职业教育委员会大力推动职业教育校企合作落实落地，泰国各职业院校也面向重点产业领域积极推动校企合作，加大创新型人才的培养力度。在职业教育校企合作落地落实方面，泰国各职业院校也做出了十分有价值的探索。

## 一、曼谷职业教育机构的校企合作探索

根据泰国《职业教育法》的规定，多个职业教育机构（主要指职业院校）有权统一组建一个中心机构（Central Institute），由泰国教育部职业教育委员会负责监督，这也是泰国促进各个职业院校之间深度合作以及知识资源共享的一种有效手段。职业教育委员会对这种职业教育中心机构的组建提出了一系列的目标规划，其中包括促进公共部门、私营部门和社会各界的跨领域合作，加强资源共享，完善职业教育体系，实质上就是要进一步深化职业教育校企合作。与单个职业院校开展的校企合作有所不同，职业教育中心机构的校企合作能够更好地整合大量职业院校的优质资源，首先形成"校校合作"的协同机制，扩大职业院校的资源优势，进而更好

① 阚阅，徐冰娜. "泰国 4.0"战略与创新人才培养：背景、目标与策略［J］. 比较教育研究，2019，41（10）：11-18.

② 张蓓. "泰国 4.0"战略背景下泰国职业教育发展现状及改革策略研究［J］. 柳州职业技术学院学报，2022，22（5）：85-90.

地利用优质资源与企业开展合作，这种模式比单个职业院校的校企合作更容易实现"强强联合"。

曼谷职业教育机构（Institute of Vocational Education，Bangkok，IVEB）就是这样一个职业教育中心机构，它由13所职业院校组成，是一个受职业教育委员会管理的实体机构。该机构的目标与其他职业院校相差不大，都是要培养拥有特定技能的人力资源，提高职业教育水平，确保人才培养能够满足劳动力市场的需求，并适应国际标准。构成曼谷职业教育机构的13所职业院校共有约2.5万名学生和1 200多名教师，主要提供三年制的职业教育证书（Vocational Education Certificate）项目、两年制的职业教育文凭（Vocational Education Diploma）项目和两年制的技术学士（Bachelor of Technology）项目。在资源拓展方面，曼谷职业教育机构重点同中国多所普通高校和职业院校签署合作备忘录，其中包括北京交通大学、天津工业大学、重庆工商大学、长安大学、福州职业技术学院、湖南交通职业技术学院、重庆电子科技职业大学等，并且设立了很多泰中职业技术教育合作中心，通过与中国普通高校和职业院校的合作，拓展资源渠道，加强国际沟通合作，进而再去拓展企业合作渠道，尤其是国际企业的合作渠道，推动曼谷职业教育机构的校企合作纵深发展。而在曼谷职业教育机构内部，13所职业学院各自都有校企合作的相关项目，在"校校合作"的基础上，也能够进一步拓展校企合作的广度与深度。

总体而言，曼谷职业教育机构是13所职业院校回应泰国《职业教育法》的精神，共同组建的职业教育中心机构，在保持原有的校企合作模式的基础上，进一步整合各校优质资源，形成强强联合的效应，进一步对外拓展更多的合作机会，加强与其他院校、企业的合作。

## 二、吉拉达技术学院的校企合作探索

吉拉达技术学院既有学士学位（Bachelor's Degrees）的人才培养体系，也有职业学位（Vocational Degrees）的人才培养体系。如表4.1所列，从招生规模来看，2021年吉拉达技术学院共招收了1 107名学生，其中有476名学生攻读学士学位，631名学生攻读职业学位。在476名攻读学

表 4.1　吉拉达技术学院 2021 年招生情况及 2020 年毕业情况

| 教育层次（部分含专业） | 2021 年入学人数 / 人 | 2020 年毕业人数 / 人 |
|---|---|---|
| 商业管理学士 | 209 | 45 |
| 工业技术学士 | 190 | 39 |
| 数字技术学士 | 77 | —① |
| 高级职业资历证明 | 147 | 75 |
| 职业资历证明 | 484 | 145 |

资料来源：吉拉达技术学院官网。

士学位的学生中，有 209 名是商业管理方向，190 名是工业技术方向，另有 77 名是数字技术方向。在 631 名学生攻读职业学位的学生中，有 147 名学生毕业会获得高级职业资历证明，484 名学生毕业会获得职业资历证明。在基础设施方面，吉拉达技术学院有着支撑职业教育发展和校企合作的资源基础，能够支撑吉拉达技术学院开展教育管理、研究、学术服务以及艺术和文化保护等相关任务。在职业教育方面，吉拉达技术学院积极向社区人员和社会民众推广和分享现代农业知识，并支持农业类的课程教学创新，帮助学生获得农业类的职业资历证明和高级职业资历证明。2020 年，该学院的创新农业学习中心正式成立，该中心包括一个水果温室，一个学习中心，一个橡胶生产管理办公室，一个水果生产管理办公室，一个蔬菜生产管理办公室，一个化肥厂和一个休闲区。从基础设施来看，吉拉达技术学院在职业教育发展方面有着相对比较坚实的基础。

　　吉拉达技术学院共设 25 个职业学位项目（详见表 4.2），其中有 8 个可以授予职业资历证明，分别是汽车、电子、嵌入式系统、食品与营养、信息技术、创新农业、营销、力学；15 个可以授予高级职业资历证明，分别是汽车车身与涂装、国际美食厨师、汽车零部件生产、国际食品与营养、汽车技术、信息技术、交通铁路系统控制与维护技术、营销、嵌入式系统软件、机电一体化和机器人技术、食品工业、电力电气、工业电子、

---

① 数字技术学士培养项目于 2019 年开始招生，故 2020 年还没有毕业生。

**表 4.2　吉拉达技术学院职业学位的相关专业及部分培养方式** [①]

| 职业资历证明 | 高级职业资历证明 | |
|---|---|---|
| 汽车 | 汽车车身与涂装（DVEP） | 国际美食厨师（DVEP） |
| 电子 | 汽车零部件生产（DVEP） | 国际食品与营养 |
| 嵌入式系统 | 汽车技术（REP/DVEP） | 信息技术 |
| 食品与营养 | 交通铁路系统控制与维护技术 | 营销 |
| 信息技术 | 嵌入式系统软件（REP/DVEP） | 机电一体化和机器人技术（DVEP/DDP） |
| 创新农业（DEP） | 食品工业 | 电力电气（REP/DVEP） |
| 营销 | 工业电子（REP/DVEP） | 泰国美食厨师 |
| 力学 | 泰国乐器工艺技术 | |
| 电力电气 | | |
| 泰国乐器工艺 | | |

资料来源：吉拉达技术学院官网。

注：REP（Regular Education Program）指常规教育项目。

泰国美食厨师、泰国乐器工艺技术；2 个既可以授予职业资历证明，也可以授予高级职业资历证明，分别是电力电气、泰国乐器工艺。这些专业虽然有一些重合的部分，但是不同资历证明对应的人才培养方式是有所差异的，例如：职业资历证明中的创新农业，采用的是双元制教育项目（Dual Education Program，DEP）来进行人才培养活动，最后能够获得两种证书，一种是教育资历证明，另一种是职业水平的相关证书；高级职业资历证明中的汽车车身与涂装、国际美食厨师和汽车零部件生产采用的都是双元制职业教育项目（Dual Vocational Education Program，DVEP）来进行人才培养活动，这种模式主要指的是一部分时间在学校学习，另一部分时间要在真实的工作情境中进行实践锻炼；在部分专业领域，也会涉及一些

---

① Chitralada Technology Institute. Facts & Figures［EB/OL］.［2023-10-08］. https://www.cdti.ac.th/en/facts-figures/.

双学位项目（Dual Degree Program，DDP），主要是指由两所院校为学生分别颁发一个职业学位。

在吉拉达技术学院，主要负责开展职业教育活动的机构是吉拉达职业学校。吉拉达职业学校由吉拉达技术学院赞助运营，在农业、工商管理、娱乐和音乐产业、家政、工业、信息和通信技术等专业领域提供职业教育课程，并颁发职业资历证明和高级职业资历证明。吉拉达职业学校采用先进的综合教学方法进行课程定制，并结合国内先进企业提供的实践培训计划，通过校企合作的模式提升学生的专业技能和素养，帮助他们在实际的职业情境或专业发展上不断前行。吉拉达职业学校的人才培养模式一般分为四种，即常规教育项目、双元制职业教育项目、双学位项目和双元制教育项目，这四种人才培养模式都能够体现出比较明显的校企合作特征。

常规教育项目的学习过程旨在让学生掌握专业知识，并具备处理专业事务、解决专业问题的核心能力。在常规教育项目中，学生必须参加6个学期的职业资历证明相关课程和4个学期的高级职业资历证明相关课程，且必须在毕业前的夏季学期到全国80余家先进企业提供的真实工作场所中参加实践培训并考核合格，这也是职业教育人才培养所强调的"理论和实践一体化"的模式，在理论知识学习的基础上，必须要经过专门的实践锻炼。

双元制职业教育项目主要是由学校和高端企业开展合作，为学生专门设计一套专业实践计划：首先，学校会根据专业需求，在校内设计专业工作坊，第一学年学生会在校内的工作坊里和专家教师一起学习课程，掌握基本的专业知识和生活技能等；其次，学校会和企业进行对接，由企业为学生提供真实的工作场所、创设真实的工作情境，学生在真实的职业岗位上进行为期一年的实践培训；最后，这些企业会在学生毕业后为其提供合适的职业岗位，帮助学生实现就业。也就是说，双元制职业教育项目在开端管理、过程管理和终端管理方面都深度融入了校企合作的要素，学生学习和就业的质量都可以通过校企合作来进行保障。

双学位项目相对比较特殊，主要指的是吉拉达职业学校与国内外其他职业院校开展合作，共同培养人才，学生在毕业的时候可以同时获得两个院校的证书。例如，吉拉达职业学校和天津渤海职业技术学院合作开展了机电一体化、机器人技术等高等职业教育的双学位项目，也和贵州轻工职业技术学院合作开展了嵌入式系统软件的双学位项目，学生在完成学业之后，可以同时获得中国职业院校和吉拉达职业学校各自颁发的证书。

双元制教育项目与双元制职业教育项目有所不同。吉拉达职业学校和泰国罗勇省的一所普通高中合作推出了创新农业的双元制教育项目，学生通过综合教学方法掌握知识和技能，并能够得到一些政府部门、研究机构的专家和讲师的支持，在毕业时会获得高中教育文凭和职业水平的相关证明。

总体而言，吉拉达技术学院积极探索与企业合作的渠道，开展了多层次、多样化的校企合作人才培养活动，充分彰显了职业教育校企合作人才培养的特色与优势。

# 第五章

# 泰国职业教育的国家资历框架

国家资历框架是实现职业教育与普通教育相互融通，便于教育资历与职业资格之间精准对接的桥梁。可以说，国家资历框架能够进一步提升职业教育体系的开放性，使其能够与普通教育体系、劳动力市场领域实现有效的沟通与互认。职普融通是成熟的现代职业教育体系的一个重要表现，而在教育体系内部，普通教育和职业教育是两种不同的教育类型，二者之间在学习内容与学习方式上都有所不同，但二者之间也存在着相互融通的关系，等级上可以相互对应，在升学方面也可以跨越教育类型来选择升学。在职业教育和劳动力市场相互对接的关系中，国家资历框架能够发挥十分重要的作用，职业教育的学历文凭和劳动力市场所需要的职业资历证书之间也存在着相互对应的关系。

职业教育国家资历框架的基本职能是促进职业教育体系和劳动力市场的有效对接，切实推动个体终身学习，同时为职普融通提供一个更加专业的标准化工具，对提升教育质量也有着重要意义。泰国国家资历框架是在泰国急需提升人力资源开发水平，尤其是技术技能人才开发水平，以及泰国职业教育与国际标准进行良好对接的需求中逐步产生的，其主要内容虽然与国际主流的职业教育国家资历框架较为类似，但也有其独有的特色优势。研究泰国职业教育国家资历框架，有助于更好地了解泰国职业教育和普通教育之间的融通关系，以及泰国职业教育和劳动力市场之间的相互对接关系。

# 第一节　泰国职业教育国家资历框架的实践缘起

国家资历框架（National Qualification Framework，NQF），往往也被称为国家资格框架。关于资格和资历，从世界范围内的国家资历框架来看，是以 Qualification 这一单词作为起源的，在翻译的过程中，我们曾普遍认为它是资格，例如职业资格证书等。但随着教育体系的不断发展，尤其是联合国教科文组织越来越强调要加强对非正式学习经历的一种认可，National Qualification Framework 中的 Qualification 也可以拓展更多的内涵，融入个人学习经历，其体现的也是一种以"人"的学习为主，而非以"证"为本的人才观念。[①] 故我们在新时期提及 National Qualification Framework 的时候，往往也会将其译为"国家资历框架"而非"国家资格框架"，也就是说，这其实是一种内涵的拓展，和以人为本的人才观的体现。

从本质上来看，国家资历框架是一种国家规范人力资源开发和配置的标准化体系，它规定了人力资源开发的标准以及人力资源有序流动的方式。职业教育国家资历是各级各类职业教育所涉及的教育资格和劳动力市场所涉及的职业资格的集合，它体现特定的国家意志，具有法律效力和权威。现代国家通过规定劳动力规格和专业标准，保证社会的合理分工，维护个体劳动和消费的合法权益。一般情况下，国家资历框架大多被设计为综合性框架，覆盖各级各类资历。也可以说，职业教育国家资历框架是围绕教育资历证书和职业资历证书及其关系构成的制度体系。

泰国的职业教育国家资历框架是为了进一步规范泰国人力资源开发和

---

① 肖凤翔，杨顺光. 国家资历框架的基本立意与中国构想［J］. 中国职业技术教育，2019（19）：38-43+68.

配置的标准，尤其是在职业教育领域，为了提升职业教育质量，增强职业教育的适应性，必然要通过建设职业教育国家资历框架来强化职业教育和普通教育以及劳动力市场之间的互认互通。

## 一、优化泰国人力资源技能水平认证的现实需求

一直以来，泰国都十分重视通过教育来促进经济社会的发展，也确实通过长期的教育改革发展极大地推进了其经济的高水平发展进程，但是泰国发展研究中心针对制造业和服务业工人资历的研究却表明，制造业和服务业领域中有大约 700 万—1 000 万名工人没有获得任何资历，2 100 多万名工人只有小学文化程度，近 600 万名工人只有初中文化水平。事实上，尽管这些工人通过长年在工作岗位上的实践、学习已经获得了更多的成长，其技能水平和实践能力也都能达到一个相对比较高的层次，至少要比他们现在所拥有的资历层级要高，但是他们却没有获得相应的资历证明（证书）。这对于他们的职业生涯发展而言显然是一种障碍，因为每个行业领域的职业（专业）水平是分层级的，且这些不同层级按照一定规律排列，具有可量化、可测量和可认定的特点，其最终的表现形式应该是一个确定等级的教育资历证书和职业资历证书（例如大专学历、三级木匠等）。无论是教育资历还是职业资历，都是确定一个人社会身份的重要依据，人们会根据教育资历和职业资历来确定社会成员的身份，如受过高等教育和未受过高等教育的、高学历的和低学历的、职业资格等级高的和低的，等等。

从泰国发展研究中心的研究报告结论来看，泰国有很多技术技能人才，尽管其自身早已具备了与更高层次的职业资历证书相当的技能水平，但却囿于没有资历认证的方式和渠道，无法获得权威、官方的认证，因而在其职业岗位的分配和待遇等方面会产生不匹配的情况，这对于健全劳动力市场机制而言显然是不利的。无论是教育资历证书还是职业资历证书，既是植根于国家制度中的社会身份象征，也是植根于公众心理的社会身份象征，是政治性和大众性相结合的社会身份象征，前者代表了国家资历的合法性和权威性，受到国家法律的认可和保护；后者代表了国家资历的社

会心理基础，即得到社会公众尤其是雇主的普遍认可和支持。而这两种合法性对于从业人员的职业发展和心理状态而言，都有着十分重要的意义。

为了破解技术技能人才的能力水平和其拥有的证书之间的不匹配问题，泰国政府提出要构建国家资历框架体系，并于 2011 年成立了泰国职业资历研究所，专门负责推动泰国国家资历框架的建设与完善。该研究所的主要职能包括：开发专业的国家培训标准和框架，保障劳动者参加的技能培训能够符合国际标准；与各行业领域的从业人员以及其他利益相关者合作，共同研发并提升技能标准；授权专业的机构来评估技术技能人才的水平；提供国家培训体系的相关信息和服务；完善国家培训体系等。

泰国建立国家资历框架，其首要的现实需求就是要优化泰国人力资源的技能水平认证机制，明确技能水平的认证标准。尤其是职业教育国家资历框架作为对职业标准进行评估和认证的一种重要工具，能够更好地为劳动力市场评估一个技术技能人才的水平提供便利，能够对人们的职业发展状况有比较清晰的定位，进而优化泰国人力资源在劳动力市场的配置。当然，建立国家资历框架，完善劳动力市场对人才的评估机制，并不只是对企业有利（即优化劳动力市场的人力资源配置），对技术技能人才个人同样是十分有价值的。在一个相对比较统一且专业的标准体系下，人们能够更加清楚地认识到自己的学习历程和学习成效，这对于个体的职业生涯发展而言也有比较重要的参考价值。

## 二、提升泰国职业教育人才培养质量的内在要求

随着泰国经济社会的不断发展，对教育质量的要求也越来越高，尤其是在职业教育领域。职业教育是与经济社会发展联系最为密切的教育类型，其规模和质量对经济社会的发展有着十分重要的影响，在泰国人口不断增加、经济社会发展要求不断提升的趋势下，高等教育和职业教育都需要进一步扩大规模、提升质量。例如泰国在大力发展中等职业教育之后，还需要更多、更有质量的高等职业教育来完善整体的职业教育体系。"以评促教"是提升教育质量的一种常用手段，本身也能够起到比较好的效

果，然而要切实提升职业教育人才培养质量，就必须要有一个相对比较权威的评价标准和制度体系，"发展目标首先以观念的形式表现出来，却只有通过制度才能在现实的层面上得到落实"，[①] 这个制度体系就是国家资历框架。国家资历框架能够通过对各级人才进行标准化的规定，来明确各级人才所需要掌握的知识、技术、能力、态度、价值观等各类素养的要求。在一个标准化的国家资历框架的引导下，泰国能够更加清楚地对各级技术技能人才的培养规格进行精准定位。一方面，明确人才培养标准能够更好地为职业教育实践活动的开展提供权威专业的参考依据。泰国教育部职业教育委员会负有为泰国职业教育制定标准的职责，国家资历框架本身可以作为一种在各个职业或专业领域相对比较普适的标准体系，为各级各类职业院校培养技术技能人才提供权威的参考标准，在此基础上，泰国职业教育机构也能够更好地展开实际的职业教育教学活动，这对于提升人才培养质量而言有着十分重要的意义。另一方面，国家资历框架的建设也能够为人才培养成效的评估奠定重要基础。泰国专门成立了国家教育标准和质量评估办公室，负责对教育质量进行监测评估，通过"以评促教"的形式进一步提升教育质量。泰国政府希望依托国家资历框架对各级各类教育的成效展开多元化的评估，尤其是在职业教育领域，更是要明确职业教育的人才培养质量规格和劳动力市场的需求之间是否存在差距。

总体来说，泰国经济社会的发展以及教育事业的发展都对职业教育提升质量、培养更加优质的技术技能人才提出了要求，而以优化人力资源开发和配置为目的的国家资历框架是从制度层面推动建设人力资源强国的重要举措，能够以专业、权威的标准体系来服务职业教育人才培养与评价等工作，对于提升职业教育质量而言有着十分重要的价值。

## 三、强化泰国人才培养标准对接国际的时代趋势

近年来，泰国愈发重视职业教育国际化，与其他国家的合作愈发密切，人才的流动也越来越频繁，这其中包括了教育领域的学生流动和产业

---

① 鲁鹏. 制度与发展关系研究［M］. 北京：人民出版社，2002：15.

领域的人才流动。在应对全球化发展的过程中，泰国推出了一系列的政策、方针、战略、规划等顶层设计，对国际教育合作、国际产能合作都提出了一定的要求。例如"泰国4.0"战略等国家层面的顶层设计中提出，要充分与东盟发展相融合，开发东部经济走廊，让泰国能够更好地融入世界。在推动泰国职业教育国际化的进程中，人才培养标准与国际对接是一个基础性的任务，也是更好地推进泰国职业教育国际化的重要前提。近年来，泰国推动国际交流合作愈发密集，人才的流动与交换频率越来越高、规模越来越大。优质的国际化是提升泰国职业教育质量的重要途径，学习先进国际经验能够为泰国职业教育的发展提供重要参考。可以说，对接国际标准，尤其是对接职业教育相对比较发达的国家或地区的标准，是泰国提升职业教育人才培养质量的重要途径。

人才培养标准与国际对接的价值是十分突出的。一方面，能够更好地应对人才国际流动中的变化，让泰国国内的学历或职业资格标准能够得到其他国家的认可，进一步加强泰国与其他国家或国际组织在教育、科技、产业方面的深度合作。例如，东盟在 2014 年正式推出了东盟资历的参考框架，并于 2015 年全面推广，泰国作为东盟的重要成员国，要配合东盟一体化战略，必然也需要大力推动泰国国家资历框架与东盟资历参考框架的对接。[①] 另一方面，通过优质的国家资历框架标准和国际对接，也能够在国际社会中进一步提升泰国的国际话语权，增强泰国职业教育在国际社会中的影响力，这对于进一步拓展泰国职业教育国际资源获取渠道、加强国际合作都有着十分重要的价值。

总体来看，泰国近年来参与职业教育国际交流合作愈发频繁，职业教育国际化水平也越来越高，在这一过程中，人才的流动、标准的互认（尤其是国家学历学位、职业资历证书的互认）是十分重要的前提保障，这就要求泰国要着力完善职业教育国家资历框架，加强泰国和其他国家或国际组织之间的互认，这对于提升泰国职业教育在国际社会中的影响力和话语权都有着非常重要的意义。

---

① 黄城，贾利帅，程东亚. 泰国国家资格框架发展历程、经验与思考［J］. 成人教育，
  2020（1）：80-87.

## 第二节　泰国职业教育国家资历框架的主要内容

从内容上来看，国家资历框架是在国家的认可之下，由一系列资历的集合、资历管理制度以及其他相关的学习过程、资历认证过程、资历等值转换标准等组成的系统。[①] 一般情况下，职业教育国家资历框架主要包括的要素有教育资历和职业资历，在面向劳动力市场的时候，这两类资历具有功能上的一致性，但又各有侧重。教育资历具有深造的价值，是人们在学业上不断取得新突破的基本凭证。一个人只要获得了受法律认可的教育资历，无论是文凭还是证书，都意味着他在学术或专业方面有进一步深造的可能性。职业资历的目的性非常明确，即利于劳动力就业。持有职业资历证书，便拥有了进入某一种或某一类特定职业的通行证。教育资历和职业资历的共同属性是专业性。职业教育中的教育资历都是专业性教育资历，即教育资历均建立在专业的基础之上，并表征不同层次的专业水平。同时，教育资历还体现出职业教育的通识性，重视对学习者职业通用能力的培养。职业资历则是建立在职业专业化的基础之上，不同类别和级别的职业资历证书表征了不同类别职业的专业化层次。以教育资历和职业资历的集合为基础，就初步构成了泰国职业教育国家资历框架的主体内容。具体而言，在泰国职业教育国家资历框架中，教育资历和职业资历层次鲜明、逐级上升，两种资历之间存在着相互对应、彼此融通的关系，每一个等级、每一种类型的资历都有其专属的等级标准，而由它们构成的整体的泰国职业教育国家资历框架，在对泰国技术技能人才的认证、评价等各方面都发挥了十分重要的作用。

### 一、泰国职业教育国家资历框架的形成脉络

泰国职业教育国家资历框架是建立在各级各类教育资历体系以及职业资历证书体系的基础之上的，它从来都不只是职业教育领域的体系，其中

---

① Behringer Friederike & Coles Mike. The Role of National Qualifications Systems in Promoting Lifelong Learning [M]. Paris：OECD Publishing（NJ1），2003：25.

既涉及职业教育和普通教育之间的相互融通（例如高中阶段的普通教育和中等职业教育属于同一层次的教育），也涉及职业教育和劳动力市场之间的互认衔接（不同级别的职业资历证书对应不同学历教育层次的毕业证或学位证）。所以，要想真正研究泰国职业教育国家资历框架，就必须将其放在整体的泰国国家资历框架体系中，在各级各类教育横向融通、纵向贯通，以及教育和劳动力市场之间的互认衔接中去研究，才能够更好地理解泰国职业教育国家资历框架，也才能够更好地去理解泰国职业教育体系。

职业资历一般是作为服务市场、对接市场的一种工具或手段，它需要包含具体的技能、以工作经验为基础的实践能力和个人发展性的能力。[①]当然，也可以从这三个维度对技术技能人才的水平进行评估。泰国于2006年在高等教育领域初步建立了由不同层次的等级标准构成的体系，这也是泰国国家资历框架的原型。泰国将资历框架作为高等教育领域人才培养的标准，并从道德与价值观、知识、技能、人际交往与责任感、分析与沟通五个维度来提升高等教育的人才培养质量。2009年，泰国教育部公布了泰国资历框架下的本科教育课程，为高校明确了课程、教学等方面的各项标准，进而在高等教育体系内初步统一了课程标准。随着泰国经济社会发展速度的不断加快，为了进一步让人力资源开发与配置能够与劳动力市场形成有效对接，泰国工业联合会建议进一步开发职业资历框架。泰国专门成立了职业资历研究所，与政府部门和行业企业组织协同研发职业资历标准，在工业、旅游、信息技术及其他诸多领域完善职业标准体系，并对学习者之前的学习成果进行测试和认证，认证通过后授予学习者职业资历证书，这也让个体所具备的职业技能和劳动力市场的需求之间形成了有效的对接机制。同时，职业资历允许在一定条件下转换成教育资历，这为优化人力资源的质量与结构、为民众提供更高层次的学习机会带来了便利。

随着泰国正式加入东盟以及"泰国4.0"战略的提出，泰国的经济社

---

① Rawat Garchotechai, Supachada Tulwatana, Varapatra Naulsom. Thailand Professional Qualification Framework: Are Necessarily Good Policy Practice, Especially for Aviation Personnel? [J]. Kasem Bundit Journal, 2018 (19): 410–421.

会发展逐步转向新模式，同时东盟的交流合作也进一步促进了学生和劳动力在东盟国家之间的流动。在此基础上，泰国一方面要考虑将国内的标准与国际（尤其是东盟）对接，另一方面也要考虑提升国民的终身学习能力。因此，泰国要在以往高等教育资历框架和职业资历框架的基础上，建设能覆盖终身学习、打通教育与劳动力市场壁垒的全纳型的国家资历框架。泰国对标东盟资历参考框架，并积极学习世界先进的资历框架体系，以学习成果为导向，建立了泰国国家资历框架，该框架有 8 个级别的标准规范，能够与国际社会形成良好的对接关系。

总体来看，泰国依据经济社会发展以及教育体系的需求和问题，逐步形成了能够解决泰国实际问题、健全人力资源开发与配置标准、促进人才流动的国家资历框架，且和国际社会也能够进行有效对接。在泰国《国家教育计划（2017—2036 年）》中，提出了要进一步强化人力资源开发方面的研究工作，完善国家资历框架体系。在持续服务人们终身学习并推动教育与劳动力市场有效对接的理念指引下，泰国国家资历框架也在不断完善。

## 二、泰国职业教育国家资历框架的等级标准

2017 年之前，泰国国家资历框架分为 9 级，现阶段则分为 8 级（见表 5.1），而且没有初等教育层次。2017 年之前的 9 级框架在学士学位和硕士学位之间有第 6 级的毕业证书，在硕士学位和博士学位之间有第 8 级的高级毕业证书，现阶段的国家资历框架中没有这两个等级的资历，学士、硕士、博士三个学位层次紧密衔接，2017 年之前的第 4 级高职毕业证书也转换成了第 4、5 两级的毕业证书或职业技能证书（详细可表述为技术教育文凭和副学士学位）。改版之后，泰国的 8 级国家资历框架能够和联合国教科文组织发布的《国际教育标准分类法（2011 年）》（ISCED 2011）有所对应，使泰国标准和国际社会标准在对接方面有了相应的参照。

泰国的 8 级国家资历框架都是按照学习成果来进行等级描述的。在各级教育资历和职业资历的对应关系中，泰国国家资历框架通过将教育资历

表 5.1 2017 年前后泰国资历等级对比

| 2017 年之前 | | 2017 年之后 | |
|---|---|---|---|
| 等级 | 对应资历 | 等级 | 对应资历 |
| 9 级 | 博士学位 | 8 级 | 博士学位 |
| 8 级 | 高级毕业证书 | 7 级 | 硕士学位 |
| 7 级 | 硕士学位 | 6 级 | 学士学位 |
| 6 级 | 毕业证书 | 5 级 | 毕业证书或职业技能证书 |
| 5 级 | 学士学位 | 4 级 | |
| 4 级 | 高职毕业证书 | 3 级 | 高中毕业证 + 职业技能三级证书 |
| 3 级 | 高中毕业证 + 职业技能三级证书 | 2 级 | 高中毕业证 + 职业技能二级证书 |
| 2 级 | 高中毕业证 + 职业技能二级证书 | 1 级 | 初中毕业证 + 职业技能初级证书 |
| 1 级 | 初中毕业证 + 职业技能初级证书 | | |

资料来源：泰国职业教育委员会官网。

等级（中等教育、职业教育和高等教育）与各产业集群所需的能力等级对应起来，来确保教育内容与行业需求尽可能地实现对接，并在此基础上对每一个等级的资历标准进行多维度的描述。泰国国家资历框架体系见表 5.2。

职业标准/资历（Occupational Standards/Qualifications）等级与国家资历框架等级（NQF Levels）之间的对应关系相对比较简单：职业标准/资历体系包括了资历和标准两个模块，在资历模块，专业资历等级（Professional Qualification Levels，PQ Levels）和国家资历框架等级是一一对应的；在标准模块，职业标准（Occupational Standards，OS）的 1 级和 2 级分别与国家资历框架等级中的 1 级和 2 级对应，国家技能标准（National Skill Standards，NSS）的 1—6 级则分别对应国家资历框架等级的 3—8 级。

教育资历体系主要包括中等教育、职业教育和高等教育三类体系，

## 表5.2 泰国国家资历框架体系

| 教育资历 | | | 国家资历框架等级 | 职业标准／资历 | |
|---|---|---|---|---|---|
| 中等教育 | 职业教育 | 高等教育 | | 专业资历等级 | 国家技能标准／职业标准 |
| | | 博士学位 | 8级 | 专业资历8级 | 国家技能标准6级 |
| | | 硕士学位 | 7级 | 专业资历7级 | 国家技能标准5级 |
| | 学士学位 | 学士学位 | 6级 | 专业资历6级 | 国家技能标准4级 |
| | 技术教育文凭 | 副学士学位 | 5级 | 专业资历5级 | 国家技能标准3级 |
| | | | 4级 | 专业资历4级 | 国家技能标准2级 |
| 高中教育＋职业化 | 职业教育证书 | | 3级 | 专业资历3级 | 国家技能标准1级 |
| 高中教育 | | | 2级 | 专业资历2级 | 职业标准2级 |
| 初中教育 | | | 1级 | 专业资历1级 | 职业标准1级 |

资料来源：欧洲职业培训发展中心、欧洲培训基金会、联合国教科文组织及联合国教科文组织终身学习研究所发布的《2019年全球区域与国家资历框架清单》。

每一类教育资历都与国家资历框架等级其中的某几级相对应，而非全部对应，这是教育资历体系与职业资历体系的不同之处。在中等教育领域，初中教育、高中教育以及高中教育＋职业化（Upper Secondary + Occupational）分别对应国家资历框架中的1—3级。在职业教育领域，职业教育证书对应国家资历框架中的3级，与中等教育领域的高中教育＋职业化也有同级对应的关系；技术教育文凭对应国家资历框架中的两个等级，分别是4级和5级；学士学位则对应国家资历框架中的6级，并与高等教育领域的学士学位同级。在高等教育领域，副学士学位与职业教育领域的技术教育文凭同级，同时对应国家资历框架中的4级和5级；学士学位、硕士学位和博士学位则分别对应国家资历框架中的6—8级。

泰国国家资历框架在教育资历和职业资历之间也有相互认可、相互转换的机制，主要是在终身学习的理念下，以学习成果为基础来实现相互认可和相互转换。其中最主要的几种方式包括：第一，通过测试和评估评价，明确学习者是否有相应的能力；第二，通过正规教育、非正规教育、非正式教育的学习过程，确保学习者经历了足够的学习或训练；第三，对个人的工作经验、培训基础以及实际工作中的操作能力进行验证；第四，通过学分银行系统来积累学分，实现认证与转换。

## 三、泰国职业教育国家资历框架的基本功能

从本质上看，泰国职业教育国家资历框架的基本功能主要包括提供标准、完成认证和实现转换三个方面。首先，泰国职业教育国家资历框架是一种体现国家权威的标准制度。"标准已成为社会治理的重要工具，为现代行政国家的硬件运转提供重要的'系统软件'"。[①]国家资历框架首先是教育和劳动力市场这两个体系在治理过程中的基本标准，能够为教育和劳动力市场的有效治理提供基本保障。需要说明的是，国家资历框架所表征的标准是最低标准，或可称之为基本标准，但是这个最低标准并不代表低水平，更不是低质量，而恰恰是质量的保障。建立标准，一定要有最基本的阈值，而这个阈值本身也不能是低质量的，否则也就没有意义。[②]因此，泰国职业教育国家资历框架在明确基本标准的前提下，就具备了保障基本质量的重要作用。其次，泰国职业教育国家资历框架能够对个体的学历层次和技能水平进行认证。不同国家资格的认定制度是有差异的，并表现在认定的机构、认定的环节、认定的标准、认定的法律依据等各个方面。泰国教育资历涉及的学历学位等方面的认证，对于专科、本科、研究生等不同层次的学历，学士、硕士、博士等不同层次的学位证书，都有明确的认定机构、统一的认定程序和依据，具有国家层面的权威性。泰国在职业资历尤其是职业资历证书方面有着相对比较完善的认证体系，而将其纳入统一的泰国职业教育国家资历框架体系内，能够更好地对个人的学历层次和技能水平进行统一认证。最后，泰国职业教育国家资历框架既能够实现国内教育体系和劳动力市场之间的有效对接，在国际劳动力市场也可

---

① 毕雁英. 社会治理中的标准规制［J］. 法学杂志，2011（12）：25-28.
② 路易丝·莫利. 高等教育的质量与权力［M］. 罗慧芳，译. 北京：北京师范大学出版社，2008：46.

以实现人才的互认。职业教育国家资历框架本身是一个多领域的各级各类资历的集合，职业教育是一种和经济社会发展紧密相关的教育类型，从理论上来看，由于职业教育"专业对接产业"的特征，职业教育领域的教育资历证书其实应该和其对应的产业领域职业资历证书具有等值效应。也就是说，学习者获得职业教育领域的教育资历证书，劳动力市场也应该根据"专业对接产业"的特征，认可学习者等同于具备产业领域职业资历证书的劳动力，这样才能够更好地促进泰国职业教育和劳动力市场之间的有效对接，但一般情况下，这种对接也需要有正规流程。职业资历证书是直接对应劳动力市场工作岗位的，职业教育的学历要想转化成职业资历证书，一般需要通过一些认证或考核，这样才能够更好地帮助职业教育的学生顺利走向工作岗位。欧洲的资历框架构建了欧洲高等教育学分转换系统、欧洲职业和培训学分转换系统、非正规与非正式学习认证等多种工具体系，正是这些工具有效保证了欧洲资历框架能够实现教育资历和职业资历之间的互认和转换，[①] 教育资历和职业资历之间的等值其实也是教育界和产业界实现精准对接的有效手段。泰国教育在 1960 年步入发展期之后，愈发重视教育发展和经济社会发展之间的密切联系，职业教育作为与经济社会发展联系更为紧密的教育类型，其与劳动力市场需求、经济社会发展、产业转型升级之间的协同作用也受到了泰国政府的高度重视。建立并完善泰国的职业教育国家资历框架制度，实质上也是进一步为泰国教育界和产业界的有效对接提供标准，这是泰国职业教育国家资历框架的重要功能之一。

泰国职业教育国家资历框架是在泰国经济社会发展、国际交流合作以及人力资源开发等各方面的需求之下产生的，因此，它除了能够发挥自身的功能之外，还具备一些其他的社会功能：第一，能够更好地促进教育资历与劳动力市场需求之间的有效对接，进而提升制造业、服务业技术技能人才的适应性和培养质量；第二，提升泰国资历标准的水平，使其能够达到国际标准；第三，让泰国已有的资历证书透明化、公开化，尤其是能够

① 李化树. 建设欧洲高等教育区（EHEA）——聚焦博洛尼亚进程［M］. 北京：人民出版社，2013：130.

与其他国家的资历证书进行比较，以确保人才在国际流动过程中能够在国家之间实现有效对接；第四，完善标准机制，提升泰国劳动力市场的竞争力。[①]

# 第三节　泰国职业教育国家资历框架的优势分析

泰国职业教育国家资历框架是在泰国人力资源开发与配置对接劳动力市场、对接国际标准的时代背景下形成的，其主体框架和世界比较主流的国家资历框架结构类似，但是在具体的等级标准、认证方式和转换体系上有自身的特色优势，并为泰国职业教育与经济社会联动发展提供了助力。

## 一、高度重视国家资历框架利益相关主体的有效参与

泰国教育委员会办公室主要负责与泰国国家资历框架相关的一些活动，尤其是事关吸纳社会各界力量共同参与做好职业教育国家资历框架的运行管理工作。第一，与泰国职业资历研究所密切合作，交流关于教育领域和劳动力市场的各种信息，尤其是明确当下产业领域究竟需要什么样的技术技能人才。职业教育国家资历框架其实也是产教融合的一项重要成果，需要在职业教育中充分融入产业元素，因此，充分了解产业对人才的需求是十分有必要的。在充分了解产业对技术技能人才需求的基础上，才能够更好地建设职业教育的标准体系，使其能够更加精准地与劳动力市场的需求对接。第二，安排一个由不同教育和培训部门以及相关机构的代表组成的工作小组，根据现有的泰国高等教育资历框架和职业教育资历框架

---

① European Centre for the Development of Vocational Training，European Training Foundation，United Nations Educational，Scientific and Cultural Organisation，and UNESCO Institute for Lifelong Learning．Global inventory of regional and national qualifications frameworks 2019（Volume Ⅱ：National and regional cases）［R］．Publication Office of the European Union，2019：610−613．

的设计，完善国家资历框架体系。代表机构包括国家教育标准和质量评估办公室、国家测评办公室（National Testing Office）等。第三，联合开展资历框架研究工作，2010—2011年与泰国国王科技大学合作进行的一项研究，旨在建立关键行业集群所要求的技能标准与中等教育、职业教育和高等教育所产出的学习成果之间的联系。产业界的雇主、雇员以及教育界的各类教育工作者都参与了相关研究工作，提供了深入、综合的分析见解。来自六个产业集群的主要利益相关者首先确定了每个级别的资历所需要的核心能力，然后在各个产业集群中审查职业资历和教育资历之间相互比较、相互融通的可行性。第四，成立国家资历框架和东盟资历框架发展工作小组，专门进行泰国国家资历框架与东盟资历框架之间的对比研究，为泰国国家资历框架对接东盟资历框架并实现高质量发展提供指南。第五，多次组织开展关于国家资历框架的听证会，与其他各部门共同探讨泰国国家资历框架的发展问题。

事实上，国家资历框架涉及泰国教育部以及其他众多部门和组织，在泰国职业教育国家资历框架的研究、论证、建设、完善、实施过程中，大家始终通过多元协同的方式来提升框架的质量。多部门协同完成职业教育国家资历框架的建设与运行，是泰国职业教育国家资历框架成功建设的重要基础。

## 二、细化对各级教育资历和职业资历的等级描述

泰国职业教育国家资历框架对各个等级的资历都有相对比较全面、系统的描述，每一个级别的教育资历和职业资历都表征了该级别人才的具体能力标准。泰国职业教育国家资历框架中对于教育资历和职业资历的描述，主要是基于学习成果（Learning Outcomes）的详细描述，这一点和联合国教科文组织发布的《国际教育标准分类法（2011年）》是对应的，其描述的是个人、民事、社会以及就业等方面的知识、技能和能力水平，即个人的学习成果。学习成果一般可以通过个人日常的实践经历、主动研究、接受课程教学等方式来获得，学习成果的具体表现主要是在信息、知识、理解、态度、价值、技艺、能力或者行为等方面的改变，同时学习成

果也是实现与特定领域的行业、专业、职业进行对接的重要基础。[1] 较为成熟的国家资历框架大多从知识、技能和能力三个维度划分资历等级，只是有的资历等级标准较为清晰，而有的则较为模糊。

从对专业资历的整体描述来看，泰国的专业资历框架（Professional Qualification Framework）对技术技能人才从新手到专家各层次给出了较为详细的描述，新手层次主要是基础技术人员／工人（Basic Skilled Personnel/Worker），对其能力的要求是能够完成常规任务，能够在比较严格的监管和指导下解决工作中一些常见的问题。而层次最高的资深专家（Career Expert），其担任的往往是一些高级管理、新颖且具有原创性的岗位（Top Management，Novel & Original），对个人能力的要求也相对比较高，要能够持续推进企业管理、工作体系以及人力资源的发展，有持续的创造能力，能够分析和评估并且真正解决企业运营中存在的实际问题，决定企业的走向和未来，甚至要对企业在国内或国际上的话语权有一定的助力。[2] 实质上，就是通过对人们在工作过程当中的具体表现、任务本身的难度和复杂程度以及对工作的负责程度等各方面进行评估，进而对该层次的技术技能人才所应具备的关键能力给出描述。

泰国职业教育国家资历框架在对各级资历的学习成果进行描述时，主要是从知识（Knowledge）、技能（Skills）和理想型特征（Desirable Characteristics）三个维度来展开的。知识和技能的指称范围相对比较清晰，主要描述的是应掌握哪些知识、具备哪些技能；理想型特征相对比较复杂，从理想型特征的具体描述来看，这一维度所描述的是应用能力、态度和价值观的集合。我们以国家资历框架等级 4 级的详细描述为例（见表5.3），该等级针对理想型特征的详细描述中涉及的就是应用能力和职业精神（包括责任心、态度、职业道德和职业伦理等各方面）的内容。

总体来看，泰国职业教育国家资历框架对各级各类资历的标准描述较

---

① UNESCO Institute for Statistics. International Standard Classification of Education ISCED 2011［R/OL］.（2018-03-28）［2023-05-15］. http://www.uis.unesco.org/sites/default/files/documents/international-standard-classification-of-education-isced-2011-en.pdf.

② Rawat Garchotechai，Supachada Tulwatana，Varapatra Naulsom. Thailand Professional Qualification Framework：Are Necessarily Good Policy Practice，Especially for Aviation Personnel？［J］. Kasem Bundit Journal，2018（19）：410-421.

表 5.3　泰国国家资历框架等级 4 级的详细描述

| 知识 | 技能 | 理想型特征 | 学习成果描述（基于应用知识、技能和理想型特征而获得的教育资历） |
|---|---|---|---|
| 一掌握学术性和职业性的知识和思维能力；<br>一具备多样化工作情境下的安全生产意识；<br>一掌握该等级与工作情境相关的英语、信息通信技术等各方面的技术知识；<br>一掌握相关的法律以及基本行政管理方面的知识 | 一具备与工作相关的知识技能；<br>一具备相关的安全技能；<br>一能够使用泰语、英语或其他东盟成员国使用的语言来进行专业化的沟通交流；<br>一掌握应用信息通信技术的基本技能 | 一能够将知识、技能以及信息通信技术应用于工作中并解决问题；<br>一能够在不同情境中参与工作计划、协调和评估；<br>一具备团队合作的能力以及学习新事物的能力；<br>一具备教导和指导下属的能力；<br>一具备解决突发问题的能力；<br>一掌握基本的行政管理知识和技能；<br>一在与工作有关的制度框架内秉持积极的工作态度；<br>一具备职业道德和专业伦理；<br>一具备安全生产意识和环境保护意识 | **高级职业证书**<br>能够利用与专业／职业有关的学术知识完成自己分内的工作，包括完成一些非常规的复杂任务；应用管理和解决问题的技能、知识和信息通信技术；认识到工作安全、规划和合适的资源管理的重要性；参与制订和创新工作程序及方法的过程；具备责任心，对他人和团体负责，参与规划、协调和评估；具有职业道德和个人美德 |

资料来源：泰英双语版的《泰国国家资历框架》。

为详细，体现出多个维度下人才培养质量规格的基本要求，也能够和国际普遍认可的资历框架标准体系相衔接。同时，泰国还对各级各类的资历进行了整体性的描述，这对于整体把握泰国技术技能人才培养的质量规格是十分重要的。

# 三、完善对非正规教育和非正式教育的认证机制

对非正规教育和非正式教育的认证，一直以来都是世界各国、各地区的资历框架希望破解的一个重要难题。一般情况下，各国、各地区的资历框架都是以学习成果为基础的，学习成果的积累体现的是人才积累技术技

能、提升能力的过程，学习成果的认证体现了国家/地区对人才技能水平的认可，学习成果的转换是体现职业教育国家资历框架中两种资历的等值与互认的逻辑前提。

一般情况下，根据既往对于学习形式的"三分法"界定，学习基本可分为正规、非正规与非正式三种类型。在《国际教育标准分类法（2011年）》中存在正规教育、非正规教育和非正式教育的区别。其中，正规教育一般由教育与培训机构提供且是结构化的，学习者的学习是有意识的，学习结束提供资格证书；非正规教育一般不是由教育或培训机构提供，学习过程同样是结构化的，学习者的学习同样是有意识的，但是不提供学历或资格证书；非正式教育主要是指学习产生于日常生活的活动（即日常的工作、家庭和休闲活动），学习过程是非结构化的，学习者的学习可能是有意识的，但大多数情形下是无意识的、偶然的、随机的，不提供学历或资格证书。

泰国职业教育体系并没有将非正式教育作为一种教育类型。但在日常生活和工作中，人们往往会积累很多的技术技能操作经验，这对人们提升自身技术技能水平起到了非常大的作用，这种经验的积累一般都属于非正规教育或非正式教育的成果，尤其以非正式教育居多。在这种情况下，一个人的技术技能水平虽然得到了很大的提升，但由于没有经过系统化的课程体系或培训过程，导致其积累的大量技术技能的学习成果得不到认证，即使其已经具备丰富经验和高水平的技术技能，但是却无法获得相应的资历证书。泰国发展研究中心的调研结果显示，泰国的工人队伍虽然具备了足够的技术技能，但还有很多人的资历层次未能提升上来，这也佐证了人们持有资历证书的等级和具备的技术技能水平存在不对应这一情况。

泰国职业教育国家资历框架建设的初衷之一，就是要让泰国公民能够更好地去了解并掌握自己的受教育层次，同时让他们能够将自身的技术技能水平和国家资历框架中的正规资历等级对应起来，能够知晓自身学习成果的水平以及对应的层级。在这一过程中，需要高度重视和完善评价机制，尤其是让技术技能人才能够结合各类非正规教育、非正式教育的过程，例如额外的培训以及在工作场所的自学和经验积累等，进一步提升自身的技术技能水平并达到更高的层次，同时还必须要有权威、专业的评价机制和认证机制，能够认可他们的这些非正规教育和非正式教育的成果。这一举措一方面是为了更好地鼓励泰国公民采取多元化的方式进行学习，不断提升自身技术技能水平；另一方面也是为了方便已经身处劳动力市场的技术技能人才认证自己的学习成果，进而获得更高层次的资历。

然而，需要说明的是，泰国虽然将非正规教育和非正式教育的认证作为国家资历框架的一个重要目标，并且也通过专门的认证机构和专家团队来保障对学习成果的认证质量和公平性，但对非正规教育和非正式教育的正式认证一直以来都是一个难点，尤其是非正式教育的灵活性太强，对非正式学习者技能水平的认证相对有一定的难度，这也是世界上很多国家在建设国家资历框架的过程中都在努力尝试解决的难题。

# 第六章

# 泰国职业教育国际化的战略布局

国际化历来是现代职业教育体系建设的重要组成部分，也是衡量职业教育高质量发展与否的重要标准。[①] 一直以来，泰国非常重视与世界各国在职业教育领域的交流合作，泰国政府认为，加强泰国职业教育国际化，能够让院校更好地发挥自身的使命，也能让学生在终身学习的过程中不断提升其适应不确定的、复杂的社会的能力，还能够将更好的文化等要素推广出去，引导学生更好地成长和生活。而这种适应性的提升和引导效果的强化，正是泰国高等教育和职业教育在高质量发展过程中所需要的。

为了加快推动职业教育国际化进程，泰国于1990年制定了《高等教育第一个十五年长期发展规划（1990—2004年）》，明确泰国要紧紧跟随全球化发展的步伐，积极参与国际交流合作等相关活动，加强国际化的人员交流、合作培养，开展远程教育，推动泰国教育的国际化进程。在此之后，泰国教育部持续发布了诸多政策文件，强调要加快推动泰国教育国际化，其中也包括职业教育国际化。泰国教育部发布的《高等教育第二个十五年长期发展规划（2008—2022年）》明确指出要培养高素质的实用型

---

① 杨建新. "一带一路"背景下我国职业教育国际化人才培养逻辑思考及实践进路 [J]. 江苏高教，2023（5）：120–124.

人才，在全球化时代全面提升国家竞争力，[①] 这实质上也表达了加强职业教育人才培养、助力泰国职业教育国际化提质增效的顶层观念。

# 第一节　泰国职业教育国际化的整体内容框架

作为东盟重要成员国和"一带一路"共建国家，泰国长期以来对教育领域的国际交流合作十分重视。泰国教育部下设职业教育委员会，专门负责泰国职业教育发展的规划设计与推动落实等相关工作。职业教育委员会将职业教育国际化作为泰国职业教育发展中的重点任务，并致力于和东盟其他国家、中国、美国、英国、日本等国在职业教育领域开展深入的交流合作，合作形式主要包括共建合作平台、联合培养培训、共设合作专项、联合开展研究等。在与其他国家开展多元化职业教育国际交流合作的过程中，泰国职业教育也形成了适合本国国情的职业教育国际交流合作体系，并取得了一系列显著的成效，为泰国职业教育发展注入了强大的动能。

## 一、师生国际交流与联合培养培训

泰国与其他国家在职业教育领域的师生流动是泰国职业教育国际化的重要内容，也是泰国职业教育国际交流合作的基本形式，通过国际合作的形式提升技术技能人才的培养质量，是职业教育国际化的实践起点和目标指向。[②] 在加强国际化技术技能人才培养的基础上，才能够更好地展开学术研究、平台共建、专项服务等合作内容。

在顶层设计上，泰国政府高度支持开展国际化的师生交流和联合培养培训等相关工作。首先，泰国政府为泰国学生提供相应的奖学金项目，并与各类院校开展深度合作，拓展更多的学生国际交流合作项目，为泰国学

---

① 李枭鹰，唐敏莉. 泰国高等教育政策法规 [M]. 桂林：广西师范大学出版社，2013：23.

② 钟富强，高瑜. 国际产能合作视角下国际化技术技能人才培养的战略要义与实施路径[J]. 中国职业技术教育，2021（7）：58-65.

生出国交流提供渠道。其次，泰国政府致力于为其他亚洲国家的学生提供优质教育，例如泰国为南亚、东南亚部分国家的留学生设立了专门的奖学金，以亚洲理工学院（Asian Institute of Technology）以及其他拥有国际学位课程资质的院校为载体，帮助留学生在泰国完成学业，培养更多的高素质、专业化、实用型人才。最后，泰国依托东盟以及其他国际组织，形成了支持泰国职业教育师生国际交流和联合培养培训的制度框架。泰国是东盟的重要成员国，《东盟互联互通总体规划 2025》（Master Plan on ASEAN Connectivity 2025）提出东盟要全面加强互联互通和一体化发展，提升共同体意识，人员的互联互通（教育、文化、旅游等领域）是其中的重要组成部分，[①] 具体包括加强东盟成员国之间的学生交流、增加留学生人数、在成员国之间建立合作培养培训以及资历互认制度等。

泰国政府和东盟等国际组织大力支持职业教育国际交流合作的顶层设计为泰国开展师生国际交流活动以及联合培养培训工作提供了有力保障，尤其是东盟发布的相关文件十分重视加强东盟成员国之间的教育交流与合作。例如 2004 年东盟发布的《万象行动计划》（Vientiane Action Plan）强调要加强东盟成员国之间的师生交流，在东盟成员国之间构建起教育网络，加强学校之间的相互沟通和人才培养的联动，重点要强化东盟成员国的共同体意识，协力提升东盟成员国人才培养质量，并完善东盟成员国之间统一的资历认证体系，为专业技术人员在东盟成员国之间的规范流动奠定基础。[②] 东盟第一份具有普遍法律意义的文件《东南亚国家联盟宪章》（ASEAN Charter）明确指出，强化东盟共同体意识要加强教育、科技等领域的合作，共同开展人才培养活动。[③] 按照建设东盟共同体的战略要求，东盟持续推进教育交流合作落实落地，鼓励以半学期或一学年为基础，设立更多的国际交流项目，在东盟成员国之间促进师生的自由流动。同时强调要加强教师培训力度，针对职业教育、技术水平相对较弱的国家，也要给予一定

---

① 吴雪萍，王文雯. 东盟职业技术教育区域化发展：基于 FOPA 模型的分析 [J]. 中国高教研究，2018（6）：103–108.

② 覃玉荣. 东盟一体化进程中认同建构与高等教育政策演进研究 [D]. 上海：华东师范大学，2009.

③ ASEAN. ASEAN Charter[M]. Singapore：ASEAN，2007：4.

的技术援助。①此外，泰国也是东南亚教育部长组织的重要成员，该组织同样强调地区教育、科技、文化等相关领域的国际交流合作，重点关注教育领域的国际化。该组织下属的区域高等教育与发展中心（Regional Centre for Higher Education and Development）提出要加强师生流动、教师培训等方面的合作，②要在东南亚地区构建"共同空间"（Common Space），以便在东南亚地区实现学生的自由流动。

在此基础上，泰国组织本国院校积极参与各类国际交流合作项目，包括世界银行、联合国教科文组织等国际组织推进实施的国际交流项目，开展联合培养培训行动，帮助本国师生实现国际交流。在区域高等教育与发展中心和教育部职业教育委员会的推动下，泰国学生在东盟成员国之间的交流主要通过东盟国际学生流动项目来实现，该项目起源于马来西亚 – 印度尼西亚 – 泰国学生流动试点项目（Malaysia-Indonesia-Thailand Student Mobility Pilot Project），在三国之间的学生交流试点取得一定的成效后，东南亚教育部长组织对这一项目进行了更大范围的推广，邀请了更多的国家参与到该项目中，逐步发展成了东盟国际学生流动项目。泰国政府对该项目给予了大力支持，尤其是在资金方面，同时也为该项目提供了办公场地，并将其总部设在曼谷，还为方便该项目外国留学生赴泰交流提供了特别签证。泰国还参加了其他的国际学生流动项目，例如东盟奖学金（ASEAN Scholarship）项目，以学期或学年为基础，促进学生在东盟院校网络中进行自由流动。③作为东盟重要成员国，泰国政府推出了一系列的学生交流项目，例如泰国和大湄公河次区域国家共同开展合作项目，特别将有效促进人员流动列为重点任务之一。

同时，泰国通过创建国际化院校，为东南亚地区的学生提供了更多国际交流的机会。目前来看，泰国创建的最有影响力的国际化院校是亚洲理工学院，其校内留学生比例常年在50％以上，尤其重视联合培养应用型

---

① 覃玉荣. 东盟一体化进程中认同建构与高等教育政策演进研究［D］. 上海：华东师范大学，2009.

② 郑佳. 泰国高校国际学生流动的原因、路径及特点［J］. 比较教育研究，2014，36（11）：85–91.

③ ASEAN University Network. China-AUN Scholarship［EB/OL］.［2023-06-03］. https://www.aunsec.org/aun-action/scholarships.

的专门人才。亚洲理工学院不仅在东南亚地区开展联合培养工作，也为世界其他国家培养了大量人才，目前和世界范围内诸多高校都保持着良好的合作关系，是泰国推动高质量国际交流合作的典型院校。

泰国不仅十分重视学生的自由流动，也十分重视教师的国际交流，泰国在师资培训国际化方面的主要举措分为"引进来"和"走出去"。一方面，泰国重视对国外高质量师资队伍的引进工作，通过灵活多样的方式吸引国外师资为泰国培养高素质技术技能人才。在此类国际交流中，泰国与中国的国际合作相对较多，也具有典型性的意义，例如泰国积极引入"中文 + 职业技能"教育模式，中国向泰国派出大批专业中文教师，精准对接当地各类企业的需求，为泰国培养相应的高素质技术技能人才，同时也为企业员工提供再培训，进一步提升其技术技能水平。当然，这种引入国外师资的模式，尤其是通过"中文 + 职业技能"教育引入师资的模式，本身具有较强的灵活性，师资队伍自身的流动性也相对比较强。通过"中文 + 职业技能"的教育模式，不仅能够培养技术技能人才，也能有效地促进中泰双方的师资交流，这在一定程度上形成了双方教师在技术技能层面的一种非正式培训模式，对于提升双方师资队伍的技术技能水平而言有着重要意义。另一方面，泰国大力支持本国教师出国交流研修。在职业教育领域，泰国重视职业院校联盟建设，并依托合作联盟加强泰国职业院校教师的培训工作。例如在 2018 年，由中国重庆市教育委员会、泰国教育部职业教育委员会和孔敬大学孔子学院牵头，重庆工程职业技术学院等20 余所中国院校与泰国南邦职业学院等 18 所泰国院校组成了中泰职业教育联盟，共同为双方的教师提供多样化的交流和联合培训项目。泰国支持教师的"引进来"和"走出去"，加强职业院校教师的国际交流和合作培训，对于提升泰国教师的技术技能水平、优化技术技能人才培养模式等都起到了重要作用。

总的来说，泰国为本国师生的国际交流与自由流动拓展了多样化的渠道，也为他们提供了参与联合培养培训的机会，这种多样化的国际化人才培养是泰国整体推进职业教育国际化的重要基础，对于进一步开展国际产能合作、国际平台建设等都有着十分重要的作用。

## 二、应用技术研发与国际产能合作

职业教育与经济社会发展紧密相连，产教融合是职业教育的特色名片。作为一种独特的教育类型，职业教育相较于普通教育，其最大的特殊性就在于"跨界"二字，它跨越的是教育和产业的疆界，可以说，产教融合、校企合作、工学结合、知行合一，能够直接体现出职业教育的跨界特征。[①]需要说明的是，这并不意味着普通教育就不需要产教融合，例如工程教育也是需要通过产教融合的模式来完成的，尤其是世界一流的工程教育更是强调产教融合。只是与普通教育相比，职业教育的"跨界"属性更加突出，产教融合、校企合作是其必须遵循的原则。

从职业教育的"跨界"属性来看，职业教育的国际化涉及的不仅仅是职业教育领域，也应该强调职业教育在国际化的过程中如何助力当地的经济社会发展，如何促进当地产业结构的转型升级，如何在国际产能合作过程中实现教随产出，这也是充分体现职业教育特色的教育国际化的应有之义。

泰国职业教育显然抓住了"跨界"的精髓，在职业教育国际化的过程中不仅重视职业教育的"引进来"和"走出去"，还将职业教育和地方产业、高新技术、产能输出等深度融合，充分考虑职业教育与区域经济社会发展之间的关系，加强了职业教育国际化过程中的应用性，通过务实的合作与产出为泰国职业教育国际化赋能增效。技术的创新与应用需要良好的制度环境作为支撑，[②]因此泰国政府强调要推进"泰国4.0"战略，明确提出了泰国未来优先发展的十大重点产业领域，其中包括新一代汽车制造产业、食品深加工领域、智能电子领域、生物科技和农业领域、高端旅游与医疗旅游产业五大优势特色产业领域，这些产业领域要进一步融入先进理念和科技实现增值；还包括数字化产业、自动化和机器人领域、航空和物流产业、医药中心领域、生物化工和生物能源领域五大未来重点发展产业

---

① 姜大源. 关于职业教育的几点哲学反思 [J]. 教育与职业，2022（2）：5–12.

② Serenella Caravella，Francesco Crespi. Unfolding Heterogeneity：The Different Policy Drivers of Different Eco-Innovation Modes [J]. Environmental Science & Policy，2020，114：182–193.

领域，这些产业领域则是要为未来产业的发展拓展领域、拓宽视野，引领泰国经济社会、科技力量的发展。[①] 泰国政府十分重视这些重点产业领域的发展，并重点围绕这些产业领域，在职业教育和产业联动发展以及职业教育国际化和产能合作方面予以关注，尤其是在职业教育国际化的过程中，重视以这些产业领域为基础推动国际产能合作。

"泰国 4.0" 战略的提出旨在完善泰国的经济体制，通过高新技术和创新技术应用促进泰国实现经济转型升级，提升泰国竞争力，尤其是要让技术的创新和应用成为泰国经济社会快速发展的主要推动力。要实现这一目标，需要大量的技术技能人才，职业教育的作用就凸显了出来。同时，泰国强调要通过校地联动、校企合作的方式，确保职业教育的发展能够和经济社会发展紧密结合在一起，并以此为基础，促进应用技术研发的合作。[②] 在以技术创新和技术应用为基础和目标的合作过程中，泰国政府十分重视国际合作，一方面要求加强跨国的教育合作（包括校企合作），培养技术技能人才，为技术创新与应用奠定人力资源基础，另一方面也要求加强学习外企的管理经验、员工培训、先进技术、成果转化等。例如，泰国和华为公司开展深度合作，以推进"泰国 4.0"战略，进一步强化泰国数字化人才培养。泰国政府认为，数字化转型和先进的信息技术对泰国经济转型和可持续发展起到了十分重要的作用，也期待能够在数字经济发展、智慧医疗、智慧物流、大数据平台等各重点领域与华为公司开展更多深入合作，而华为公司也确实为泰国数字化的基础设施建设做出了贡献，尤其是在先进技术的应用方面。

总体而言，泰国政府能够意识到职业教育的国际化与产能合作的融合以及加强技术创新与应用方面的职业教育国际交流合作的重要意义，并以"泰国 4.0"战略为基础，和国外企业（例如华为公司）开展了一定的技术方面的合作，在合作中促进了泰方的产能增值。目前来看，加强技术创新

---

① National Economic and Social Development Board. The Twelfth National Economic and Social Development Plan［R］. Bangkok：National Economic and Social Development Board，Office of the Prime Minister，2016.

② 李林娱. "泰国 4.0" 战略下的职业教育发展：路径、特点及趋势［J］. 职业技术教育，2022，43（12）：69–74.

与应用的合作以及国际产能合作已经成为泰国在发展职业教育、促进职业教育国际化方面的重要方向。但需要说明的是，在目前泰国职业教育国际化的过程中，技术创新与应用以及产能合作占比相对还是较少的，尤其是在技术、产能的输出方面，这也是泰国未来推进职业教育国际化纵深发展的方向。

## 三、合作平台共建与多元国际交流

平台的建设、渠道的拓展对于职业教育国际交流合作提质增效是十分重要的，良好的职业教育国际化模式需要平台来推广，学习借鉴其他国家的职业教育理念与模式、引入其他国家的职业教育资源需要更多的渠道来实现。在现代社会，尤其是国际合作中，整合资源实现创新，是合作组织所能发挥的重要作用。[1] 职业教育国际合作平台的首要作用和任务就是整合不同国家和地区的职业教育资源，实现共建共享共赢。

东盟是泰国积极参与的一个重要国际组织，也是泰国与其他国家进行职业教育交流合作的一个非常重要的平台。在东盟这个平台上，泰国一方面发挥着重要成员的作用，积极组织与推动同其他国家在各个社会领域的交流合作，另一方面也依托东盟平台不断引入其他国家的职业教育资源，通过互学互鉴、共建共享的模式提升自身的职业教育质量。泰国还积极参加东南亚的教育合作组织，例如泰国是东南亚教育部长组织的重要成员，通过东南亚教育部长组织，泰国教育部和东南亚其他国家的教育主管部门建立起了更加密切的合作关系，形成了长期的区域教育合作的有效机制，并以此为基础，和东南亚其他国家开展了大量的高等教育、职业教育合作项目，有效地推动了泰国职业教育国际化发展。此外，泰国教育部积极拓展与其他国际机构的合作关系，例如欧洲国际教育协会、亚洲开发银行等。[2] 泰国还同澳大利亚等国签署合作备忘录，提出可以通过各类研讨

---

① Benn Lawson, Danny Samson. Developing Innovation Capability in Organizations: A Dynamic Capabilities Approach [J]. International Journal of Innovation Management, 2001 (3): 377-400.

② 陈倩倩，赵惠霞."一带一路"视角：泰国高等教育的国际化范式与启示 [J]. 西部学刊，2019（6）：9-17.

会、座谈会、交流会等形式推进两国教育合作，双方也要共同建立专门的平台或机构，促进双方学习成果、学术/专业资格的互认。[①]

泰国首都曼谷是东南亚地区拥有国际组织办事机构最多的城市，这些机构包括亚太经济合作组织、联合国教科文组织曼谷办事处（UNESCO Bangkok Office）、联合国教科文组织亚太地区教育局（UNESCO Asia and Pacific Regional Bureau for Education）、东南亚教育部长组织等。[②]泰国在全国范围内设置了近千个东盟非正规教育研究中心，旨在强化培训工作。此外，泰国还积极参加各类国际会议、技能竞赛、展示宣传等活动，借助国际化的交流合作平台，开展多元化的职业教育国际交流合作。2022年8月，泰国积极参与由中国政府主办的首届世界职业技术教育发展大会，分享泰国职业教育经验，与世界各国以及其他国际组织的职业教育领导、专家进行深入沟通交流，并在鲁班工坊展上展示了泰国鲁班工坊建设成果，起到了很好的宣传作用。泰国积极组织参加各类国际职业院校技能竞赛，通过与世界各国技术能手同台竞技，加强交流，拓展了泰国职业教育对外交流合作的新形式。这些"临时性"的平台为泰国进一步与其他国家明确长期合作战略意向、建立长期合作关系奠定了基础。这些形式多样的国际交流合作，不仅能够有效地提升泰国职业教育的水平，也在泰国与其他国家之间建立了更好的互信机制，有效加深了泰国与其他国家的合作关系。

总体而言，泰国与其他国家（以亚洲国家为主，也包括欧洲等其他地区）共同建立了一些实体化的平台（包括各类权威国际组织或教育联合体类的相关组织），以及以会议、竞赛、展演为主要形式的"临时性"交流合作平台。泰国政府或主导组织实施，或积极参与其中，开展了多样化的国际交流合作活动，为泰国职业教育提质培优积累了经验。

---

① Australian Government Department of Education. Memorandum of understanding on cooperation in education and training [EB/OL]. (2012–05–28) [2023–06–08]. https://www.education.gov.au/international-education-engagement/resources/thailand-signed-28-may-2012.

② 郑佳. 泰国高校国际学生流动的原因、路径及特点 [J]. 比较教育研究，2014，36（11）：85–91.

# 四、合作专项设立与长效国际合作

项目是合作的重要载体，也是深化合作关系、产出实际成果、建立长效机制的重要基础与前提。国际合作的框架协议或意向一般能够表征合作双方已经初步建立起了互信机制、愿意开展更加深入的合作，同时也表明双方确实有合作需求，有互惠互利的基本条件和保障机制。然而，在此基础上，要真正实现双方实质性的合作，创造出实际的合作价值，就必须有针对性地开展专门的合作项目，如果缺少实质性的合作项目，缺少实际的产出和激励，那么合作关系也很难长期维持。泰国职业教育国际交流合作的形式本就多元多样，针对不同形式的合作也已适当开展了相应的合作项目，例如专门的师生交换、师资培训、技能提升等项目。长期的项目引入能够长期保持职业教育国际交流合作的活力，这是良好的国际合作关系得以长久维系的基本前提。

泰国开展了一系列的职业教育国际交流合作专项，也参与了由其他国际组织或国家 / 地区组织实施的一些开放性的国际交流合作项目，例如前文中提到的东盟国际学生流动项目，通过学生的流动很好地推动了东盟地区教育的协调发展，这对于职业教育领域的技术水平协同提升也有着重要意义。泰国政府专门设置了奖学金项目，为泰国学生提供出国学习交流的机会。泰国还积极参与了美国国际教育协会发起的海外学习项目（Generation Study Abroad）、澳大利亚和东盟理事会共同发起的澳大利亚 – 东盟桥梁学校合作项目（Australia-ASEAN Bridge School Partnerships Program）等。

在诸多项目的推进过程中，泰国和世界其他国家逐步构建起长效合作机制。除此之外，泰国还和其他国家签订了合作意向的备忘录或框架协议，奠定了长期合作的基础。例如泰国和中国、日本、美国、英国等国家共同签署了学分、学历、学位的互认协议，为各国学生之间的流动交流提供了便利。[①] 泰国也和中国、澳大利亚等国家签订了合作备忘录，以泰国

---

① 阚阅，徐冰娜. 泰国教育制度与政策研究［M］. 北京：人民出版社，2020：313.

和澳大利亚所签署的教育与培训合作备忘录为例，[①]该备忘录是在泰国政府和澳大利亚政府所签订的经济合作与文化协定的基础上，由泰国教育部和澳大利亚工业、创新、科学、研究和高等教育司共同签署的，双方都清楚地认识到教育与培训对于国家发展所能起到的重要作用，在充分考虑双方在教育与培训领域已有成就的基础上，通过双方的平等合作和优势互补，进一步扩大双方教育与培训的合作范围，加大合作力度，提高合作水平。签署合作备忘录的总体目标是为双方搭建一个基本的合作框架，以便于双方未来开展更多更广泛的教育与培训合作项目。当然，未来开展任何教育与培训合作项目，都必须建立在符合双方国家法律法规要求、能够确保双方互惠互利的前提下，双方要以此为依据共同对合作项目进行审议，确定未来要落实的合作项目。具体而言，泰国和澳大利亚的实际合作主要聚焦在以下几个方面：第一，彼此互通教育与培训的标准体系、课程与教学相关资源，能够用来解释和评价各种学历、学位、证书的一些标准、认证体系以及命名规则，教育与培训方面的政策发展情况，能够为双方国民提供的留学交流的机会，以及教育改革情况等方面的信息；第二，联合规划并执行教育与培训、教育标准与质量保障、技术转化、课程改革发展以及教职工发展方面的合作方案和项目；第三，通过各类交流会、研讨会和座谈会的交流互动，学生、教职工、专家、学者的互访交换，双方官员或顾问代表的互访交换，"兄弟／姐妹院校"的协议契约、合作方案，政府相关机构和教育培训机构提供的短期培训课程、培训项目等，来加强两国政府部门以及教育培训机构之间的联系；第四，适当发展一系列具备桥梁沟通作用的课程项目，让双方国民在完成本国学业后，能够按照自身学习的水平更加便捷地转至对方国家合适的、相应的机构学习；第五，促进双方对教育资历、职业资历的相互认可，在双方的高等教育机构之间优化学分转换机制，加强交流合作。泰澳双方的合作领域主要包括中小学教育、高等教育、职业教育与培训，教育、研究与培训方面的战略规划和管理，

---

① Australian Government Department of Education. Memorandum of understanding on cooperation in education and training [EB/OL]. (2012-05-28) [2023-06-08]. https://www.education.gov.au/international-education-engagement/resources/thailand-signed-28-may-2012.

教师培训与专业发展，课程发展和教育成果方面的标准，学校向职场的过渡方案，特殊教育，远程教育，语言（英语、泰语）培训，学生、教职工、专家、学者的互换交流，资历认证以及教育管理培训等方面，并将根据实际需要在更多的领域开展合作。

长效的国际合作机制构建需要在实践执行的过程中体现其强大的生命力，泰国和澳大利亚双方也明确了实际的合作执行机制。第一，为了更好地落实合作备忘录，双方共同成立联合工作小组，联合工作小组有两年一度的、常态化的会议机制，或根据情况以其他形式举行、参加会议，对合作备忘录的执行情况进行审查，会议举行方式是双方交替主办或根据实际情况采用其他方式，主办国担任联合工作小组的主席。第二，双方在联合工作小组中都有专门的领导机制，泰国一方由泰国教育部或其他合适的政府或非政府组织参与领导，澳大利亚一方则由澳大利亚工业、创新、科学、研究和高等教育司或其他合适的政府或非政府组织参与领导。第三，双方在合作备忘录的基础上共同负责开展相关的合作活动。第四，双方适当地开展未在合作备忘录中明确提及的其他合作项目。第五，在合作备忘录基础上已经开始执行的各类活动、方案和项目，在期满之前（即使合作备忘录已超出协议期限或签订了新的合作备忘录等）都将持续推进直至完成，而且要继续高质量完成。所有合作备忘录支持的合作项目，都要通过双方的平等协商来完成，如果要修改相应的合作细则或合作备忘录，也要经过双方的书面认可。合作备忘录的期限一般是五年，中途的修改或后续的续签都会在双方的平等协商下完成。

总体而言，泰国主导设立并积极参与了大量的国际交流合作专项，与其他国家建立了有活力且互惠互利的合作机制，也在职业教育国际化领域取得了丰硕的成果。同时，泰国还与其他国家签订了各类合作协议或合作意向备忘录，逐步探索长效的国际交流合作机制。以项目为基础和媒介，加强长效、实际的合作机制探索，这是泰国职业教育国际化产出实际效能、推动长期发展的重要举措。

## 第二节 中泰职业教育交流合作的内容与成效

在泰国职业教育国际化的整体布局中，中泰合作是非常重要的组成部分。虽然中国在古代与泰国的正式交流合作相对有限，但双方在教育领域的交流合作却是有一定的历史积淀的。例如明朝时期，有部分暹罗使者来华进行交流，在大学士张居正等人的倡导下，明政府在四夷馆中设立了专门的暹罗馆，让来华的暹罗使者教授泰语，这是目前记录在册的由中国官方最早正式举办的泰语教学活动。[①] 此后，中泰双方在各自境内创办了更多的专门教授彼此语言的国际学校，为中泰双方充分了解彼此的文化奠定了基础。时至今日，"一带一路"倡议的提出以及中国与东盟国家深入合作的不断推进，一方面加深了中泰双方的交流与合作，另一方面也对进一步推动中泰双方经济社会协同发展提出了新的要求，即共建"一带一路"，人才是关键，要想真正实现"一带一路"倡议的建设目标，必然需要大量的各级各类人才来进行支撑。[②] 尤其是伴随着各国产业的转型升级和经济社会的快速发展，更加迫切地需要职业教育来培养大量的高素质技术技能人才，为共建"一带一路"过程中各国的经济、产业发展奠定基础。中泰双方多年以来重视职业教育交流合作，聚焦重点内容，取得了良好的成效，也形成了"语言＋技能"的典型合作模式。

## 一、中泰职业教育交流合作的基础与支撑

中国与泰国在政治、经济、文化、教育、科技等各个领域有着长期合作的关系，这为两国职业教育交流合作奠定了重要基础。职业教育与经济社会发展紧密相连，国与国之间的职业教育合作一般都要建立在战略互通、文化互认、产业共振、经济共赢的基础之上，当然，这些要素和职业

---

① 段立生，赵雪. 从泰语和中文教学看中泰两国关系之发展 [J]. 华侨大学学报（哲学社会科学版），2014（1）：5–11+154.

② 周谷平，阚阅. "一带一路"战略的人才支撑与教育路径 [J]. 教育研究，2015，36（10）：4–9+22.

教育国际联动发展也是相辅相成的关系。

## （一）战略互通奠定职业教育交流合作的根基

1978 年，中泰两国就科学技术方面的合作签署协议、达成共识，明确中泰双方要加强科技合作，实现共同发展。2009 年，中泰双方正式签订《中泰教育合作协议》，进一步明确了双方要在教育领域全面深化交流合作，也奠定了交流合作的政策基础。[①] 职业教育交流合作是中泰双方高度重视的重点领域，2013 年双方专门签署了《中华人民共和国教育部与泰王国教育部关于加强在职业教育领域合作的谅解备忘录》，为双方深入开展职业教育交流合作提供了基本的框架支撑。[②] 2014 年双方发布的《中华人民共和国政府和泰王国政府联合新闻公报》第十六条明确指出"双方同意继续加强两国人文、教育特别是职业教育等领域合作"。双方在经济贸易方面的一些合作谅解备忘录，例如铁路合作、农产品贸易合作等，也都提到了要加强中泰职业教育在各个专业领域中的合作。"一带一路"倡议、"泰国 4.0"战略、中国和东盟之间的友好合作关系，都为中泰双方开展职业教育交流合作奠定了重要的基础，同时也明确了职业教育交流合作是新时期双方国际交流合作的重要内容，对于助力人类命运共同体建设有着十分重要的意义。

## （二）文化互认深化职业教育交流合作的成效

"中泰一家亲"离不开深入的文化交流和彼此的文化互认，文化互认对于双方展开其他领域的合作有着重要的促进作用。合作双方之间的互相信任和彼此认同，是合作活动能够顺利展开、合作关系得以深化的重要前提，尤其是文化作为合作双方自身的基因，如果具备一定的相似性，彼此

---

① 李枭鹰，等. 中国－东盟高等教育区域性合作研究［M］. 桂林：广西师范大学出版社，2015：77-78.
② 阚阅，徐冰娜. 泰国教育制度与政策研究［M］. 北京：人民出版社，2020：329.

能够理解、认同，那么双方自然会逐步展开更加深入的合作。[①] 从"亚洲指标调查"（Asian Barometer Survey）的数据来看，泰国民众认为中国对泰国发展有积极贡献的比例超过90%。中国国家信息中心"一带一路"大数据中心的报告也显示，泰国在与中国民心相通的程度排行榜上位居前列。在"一带一路"共建国家里，泰国民众对中国的态度也是主体趋好型的，泰国对"一带一路"倡议有着极大的兴趣，支持意愿较为强烈，在积极对接"一带一路"倡议中也表现得比较积极，这和长期以来中泰双方友好平等的沟通交流有着密切关系。自明朝起，中泰之间便已经通过设立各类教育机构的方式开始语言方面的相互学习与交流，而语言互通和文化互认是密切相关的，"没有离开文化的语言，也没有离开语言的文化"，[②] 在语言学习的过程中，文化的要素逐渐渗透其中，对双方都产生了一定的影响，也促进了彼此之间的文化互认。这些都为中泰双方职业教育交流合作的深入开展奠定了重要基础。

## （三）产业共振明确职业教育交流合作的领域

在提升制造业水平、推动经济社会发展方面，中泰双方都出台了相应的制度体系。一方面，双方都面临着数字化转型、智能制造、绿色经济等共性的产业转型发展趋势，并要对此作出积极回应；另一方面，双方也根据自身当前的产业结构、经济社会发展水平，作出了适合本国的经济与产业发展规划。具体而言，中国于2015年印发了《中国制造2025》，泰国则在2016年提出了"泰国4.0"战略。当然，双方在后续也针对制造业发展、产业转型升级和经济社会发展提出了一系列的政策、方案，这些关键的顶层设计有效地推动了双方的职业教育与经济社会联动发展，其中确定的产业发展方向也为双方开展职业教育国际交流合作奠定了基础。

《中国制造2025》是中国实施制造强国战略的第一个十年的行动纲

① W. D. Hamilton. The Genetical Evolution of Social Behavior [ J ]. Journal of Theoretical Biology, 1964, 7（1）: 1-16.
② 吴应辉，梁宇. 交叉学科视域下国际中文教育学科理论体系与知识体系构建 [ J ]. 教育研究，2020，41（12）: 121-128.

领，为中国制造业发展指明了方向。从定位上来看，中国制造业规模跃居世界首位，制造体系门类齐全且独立完整，但也存在着制造业大而不强、自主创新能力弱、关键核心技术与高端装备对外依存度高、产业结构不合理、信息化水平不高、产业国际化程度不高等问题。《中国制造2025》提出了优化制造业发展布局的重点任务，明确了创新能力、质量效益、两化（工业化和信息化）融合和绿色发展四个类别中的多项制造业发展指标，并确立了十个重点发展领域，分别是新一代信息技术产业、高档数控机床和机器人、航空航天装备、海洋工程装备及高技术船舶、先进轨道交通装备、节能与新能源汽车、电力装备、农机装备、新材料、生物医药及高性能医疗器械。[①]

"泰国4.0"战略的提出，缘于泰国政府期望进行经济、产业方面的水平提升和转型升级，希望能够跟上工业4.0的步伐，提升泰国在产业技术方面的创新能力，并通过创新为泰国经济增长赋能。"泰国4.0"战略明确提出了泰国未来优先发展的十大重点产业领域，包括五大优势特色产业领域，即新一代汽车制造产业、食品深加工领域、智能电子领域、生物科技和农业领域、高端旅游与医疗旅游产业；以及五大未来重点发展产业领域，即数字化产业、自动化和机器人领域、航空和物流产业、医药中心领域、生物化工和生物能源领域。

整体来看，《中国制造2025》和"泰国4.0"战略各自提及的十大重点产业领域存在着高度的契合性，例如新一代信息技术产业与数字化产业、航空航天装备与航空和物流产业等，同时也有部分领域之间存在着协同发展的可能性，例如农机装备、食品深加工、生物科技和农业领域等。也就是说，在战略谋划层面，中泰双方所规划的未来产业发展方向是高度契合的，这让双方在产业转型升级的过程中能够形成良好的协同效应，产业发展的协同共振反哺职业教育，很好地带动了中泰双方在职业教育领域的交流合作。

---

① 中华人民共和国中央人民政府. 国务院关于印发《中国制造2025》的通知［EB/OL］.（2015-05-19）［2023-06-12］. https://www.gov.cn/zhengce/content/2015/05/19/content_9784.htm.

## （四）经济共赢强化职业教育交流合作的动力

职业教育作为一种和经济社会发展联系最为密切的教育类型，其高质量发展和经济社会发展之间存在着协同效应，实现经济共赢是职业教育国际交流合作的重要目标之一，合作双方能够明确经济共赢的理念，也是职业教育国际交流合作得以推进的强大助力。"泰国4.0"战略、东部经济走廊计划等重大战略规划都需要一定的经济支撑，中国的制造业发展、产业结构转型升级也需要技术的创新与应用来推进，在这些关键节点上，中泰双方有利益契合的点，拥有利益共赢的基础，这是中泰双方推进合作的根本动力。合作本质上是一种互惠互利的行为，而互惠互利往往可能是延期实现的，[①] 也就是说，合作之初不一定能够马上获得直接收益，有可能需要自己付出成本来为他人创造优势资源，是一种利他行为，[②] 双方都通过前期的投入提供利于另一方发展的资源，就能够共同把合作的蛋糕做大，并在后续得到更多的收益，这是合作的关键所在。中泰双方在产业和经济社会发展方面的契合性，以及能够实现协同发展的可行性，为双方的合作提供了源动力。从总体规划和长远发展的角度来看，"一带一路"倡议与澜湄合作、东部经济走廊计划之间本身存在着协同发展的可行性，双方可借此契机推动职业教育、经济社会等方面的深度合作与联动发展。

# 二、中泰职业教育交流合作的内容与成效

中泰双方大力推动职业教育交流合作，合作内容主要聚焦在联合办学、技术服务、平台建设三个方面，并且取得了一定的成效。

## （一）推动联合办学，培养高素质技术技能人才

为共建"一带一路"，加快推进中泰双方的经济社会发展和产业转型

---

① M. Mesterton-Gibbons, E. S. Adams. The Economics of Animal Cooperation [ J ]. Science, 2002（5601）: 2146–2147.

② A. S. Griffin, S. A. West, A. Buckling. Cooperation and Competition in Pathogenic Bacteria [ J ]. Nature, 2004（7003）: 1024–1027.

升级，加快产能合作的成果产出，中泰双方积极开展合作，在这个过程中，人才是本位，是实现以上目标的最基础的资本，高素质技术技能人才作为人力资本，能够有效地支撑"泰国4.0"战略发展的需要。中国与泰国在职业教育领域的交流与合作主要集中在云南、广西等地，例如中国–东盟职业教育研究中心就建在南宁师范大学，此外也有中国天津和泰国大城共建泰国鲁班工坊等职业教育交流与合作。在"泰国4.0"战略中，农业是一个重点发展的产业方向，在2014年《中泰农产品贸易合作谅解备忘录》签署之后，中国的高职院校积极响应，与泰国高职院校开展学生流动和联合培养的相关项目，为泰国培养了大量中高职层次的农业技能人才。

此外，铁路轨道交通领域也是泰国人才紧缺的重点领域。2014年签署的《中泰铁路合作谅解备忘录》中约定，使用中国的技术标准和技术设施在泰国建设800多千米的铁路，这一合作的顺利开展，需要大量的铁路轨道交通领域的高素质技术技能人才，这就非常迫切需要中泰双方在高铁技术技能人才培养与培训方面加强合作。[1]泰国教育部为此专门启动了该领域的人才培养计划，由泰国职业教育委员会主导，推动泰国职业院校与中国的铁路院校联合办学。此后，泰国班普职业学院与武汉铁路职业技术学院共同在动车检修技术等铁路相关的多个专业开展了人才联合培养计划。2017年，柳州铁道职业技术学院和泰国东北皇家理工大学共建了泰中轨道交通学院，由泰方负责硬件方面的建设，柳州铁道职业技术学院负责提供教学支持，专门为泰国铁路运输、轨道交通等领域培养高素质技术技能人才。2018年，柳州铁道职业技术学院大城府分院在泰国大城商业技术学院正式揭牌成立，并在泰国其他多个职业院校设立了分部，将中国高铁技术的人才培养模式以及柳州铁道职业技术学院的课程体系、教学资源、专业标准等共享给泰国，帮助其培养更多的铁道技术技能人才。[2]

---

① 刘红. 服务"一带一路"战略 职业院校助力高铁"走出去"［J］. 中国职业技术教育，2015（28）：39-43.

② 欧金昌. 柳州铁道职院：助力中国高铁技术"走出去"［N］. 中国教育报，2019-04-23（04）.

## （二）提供技术服务，推动产业优质化升级发展

在合作办学联合开展人才培养活动的基础上，中国为泰国提供了相关专业领域的技术服务，帮助泰国巩固重点产业领域的技术基础，以便于未来形成相对独立自主、发展水平较高且能够有效支撑"泰国4.0"战略的泰国职业教育体系，同时也为中泰双方未来开展更高水平的职业教育交流合作奠定基础。例如在农业技术领域，中国向泰国派出了农业生产技术交流团，为泰国提供农业技术方面的指导，并与泰国就如何建设农业示范区进行了深度交流，还为泰国举办了与农业技术相关的培训班，帮助泰国提升农业生产技术，以先进的理念和技术来改善农业生产的业态，大大促进了泰国农业技术水平的提升以及泰国农业的发展。又如在高铁技术领域，泰国孔敬大学孔子学院开设了专门的职业院校高铁培训班，通过中文语言学习以及专业技术技能的训练，开展了大量的技术培训合作。一般在完成语言学习之后，泰国可以把学员送到中国的铁路类职业院校学习专门的技术标准和操作技能等，此类技术合作为泰国奠定了专业领域的技术基础。高铁培训班是"语言 + 技能"（常称为"中文 + 职业技能"）教育模式的典型成功案例，也是中泰双方开展技术合作，尤其是中方为泰方提供优质技术服务、助力泰国在专业技术领域实现长远发展的重要方式。[①]

## （三）积极搭建平台，实现常态化职业教育合作

为了进一步强化中泰双方的职业教育交流合作，形成常态化合作机制，中泰双方积极推动职业教育国际交流合作平台的建设工作，通过项目、会议、联盟、竞赛等多样化的形式拓宽双方开展职业教育交流合作的渠道，典型的平台包括"中国–东盟职业教育研究中心""中国–东盟职业教育联展暨论坛""中国–东盟边境职业教育联盟"等。通过这些桥梁，中泰双方共同举办了一系列的研讨会、交流会、座谈会等活动，不断加深双方在职业教育领域的互学互鉴。2017年，中泰校企联盟在泰国曼谷成

---

① 马勇幼. 泰国：孔子学院十年成规模［N］. 光明日报，2016–10–06（03）.

立，旨在凝聚双方产业界和教育界的力量，为泰国中资企业和本土企业培养技术技能人才。2018 年，中泰职业教育联盟成立，并形成了《中泰职业教育联盟章程》。时至今日，中泰职业教育联盟成员单位已由最初的 37 所中泰院校发展到 91 所，这对于双方深入开展常态化的职业教育交流合作有着重要意义，也提供了极大的便利。

此外，中泰双方也积极搭建平台组织各类竞赛活动，例如"汉语桥"项目、"诗琳通杯"泰国大学生汉语演讲比赛，以及各类职业院校技能大赛，包括 2022 年举办的首届世界职业院校技能大赛，这些活动都对中泰双方交流技术、切磋技能、互通民心起到了重要的推进作用。

## 三、"中文 + 职业技能"的中泰典型合作模式

在中泰职业教育合作的诸多模式中，"语言 + 技能"的模式是一种典型合作模式。语言是文化交流的基础，也是国与国之间合作的前提，长期以来，中泰之间的语言教育都是双方合作的重要内容之一，尤其是汉语在中泰双方交流合作中的重要地位日渐提升，汉语教育就成为泰国国民教育体系中的一个重要部分。泰国是世界上首个把汉语纳入其国民教育体系的国家。随着泰国开设汉语课程的学校数量逐年递增，泰国学习汉语的人也越来越多，《中华人民共和国和泰王国关于建立全面战略合作伙伴关系的联合声明》中明确提出要"在对方国家推广本国语言文化并设立文化中心，为在泰国的孔子学院和孔子课堂以及在中国的泰语角和泰语研究提供支持"[1]。

孔子学院是泰国推广汉语教育的重要机构，泰国也是世界上建立孔子学院最早的国家之一。2006 年，泰国第一家孔子学院——孔敬大学孔子学院正式揭牌启运，第一家孔子课堂——岱密中学孔子课堂也正式启动。迄今为止，泰国已经成立了 17 家孔子学院和 11 家孔子课堂（详见表 6.1），[2]并且泰国的孔子学院和孔子课堂还自发组织成立了泰国孔子学院（课堂）发展联盟，致力于更好地促进泰国中文教学发展、中泰文化交流以及中泰友好

---

① 中华人民共和国中央人民政府. 中泰关于建立全面战略合作伙伴关系的联合声明［EB/OL］.（2012–04–19）［2023–06–15］. https://www.gov.cn/jrzg/2012-04/19/content_2117598.htm.
② 孔子学院. 全球孔院——泰国［EB/OL］.［2024–08–15］. https://www.ci.cn/qqwl/qqky.

**表 6.1　泰国成立的孔子学院和孔子课堂**

| 类型 | 名称 |
|---|---|
| 孔子学院 | 川登喜大学素攀孔子学院<br>东方大学孔子学院<br>海上丝路·帕那空皇家大学孔子学院<br>华侨崇圣大学中医孔子学院<br>海上丝路孔子学院<br>皇太后大学孔子学院<br>孔敬大学孔子学院<br>玛哈沙拉坎大学孔子学院<br>农业大学孔子学院<br>曼松德昭帕亚皇家师范大学孔子学院<br>清迈大学孔子学院<br>宋卡王子大学孔子学院<br>宋卡王子大学普吉孔子学院<br>勿洞市孔子学院<br>易三仓大学孔子学院<br>朱拉隆功大学孔子学院<br>玛希隆大学孔子学院 |
| 孔子课堂 | 岱密中学孔子课堂<br>合艾国光中学孔子课堂<br>吉拉达学校孔子课堂<br>罗勇中学孔子课堂<br>玫瑰园中学孔子课堂<br>芭堤雅明满学校孔子课堂<br>南邦嘎拉娅尼学校孔子课堂<br>暖武里河王中学孔子课堂<br>普吉中学孔子课堂<br>醒民学校孔子课堂<br>易三仓商业学院孔子课堂 |

资料来源：根据孔子学院官网（https://www.ci.cn）信息整理而得。

关系发展。[①] 推广汉语是孔子学院的基本任务，也是中泰双方最初开展语言教育合作的基本形式。然而，随着全球语言文化传播格局面临重要变革，汉语教学与传播也需要充分考虑海外多元化的学习需求，更好地服务各国当地的经济社会发展。尤其是随着泰国经济社会的不断发展，单纯的汉语语言教学已经难以满足泰国民众的诉求，也无法满足泰国经济社会发展和产业转型升级的需要，更是难以实现"一带一路"国际产能合作的重要目标。因此，在语言教育的基础上，中方开始融入技能要素，开展专业

---

① 孔子学院. 泰国孔子学院（课堂）发展联盟简介［EB/OL］.［2023-06-15］. https://www.ci.cn/qqwl/kylm.

化教育活动。

"中文＋职业技能"是一种将汉语教育与传播同职业技术教育与技能训练有机结合在一起的教育模式，也是积极回应"一带一路"国际产能合作、助力国际经济社会发展和产业转型升级的重要举措。大力推进"中文＋职业技能"教育模式，一方面成为泰国孔子学院新的时代使命，另一方面也成为中泰双方深入合作、服务双方（尤其是泰方）经济社会发展和产业转型升级的关键创举。最初是在 2018 年，由中国时任国务院副总理孙春兰提出了这一概念，2019 年正式开始设置"中文＋职业技能"培训班，在此基础上，泰国孔子学院及时响应，并根据泰国当地经济社会发展的特征以及人才紧缺的重点产业领域需求，开设了专门的汉语专业教学活动，培养既具备语言沟通能力，也了解中泰双方文化，更掌握专业技术技能的高素质复合型人才。目前泰国 17 所孔子学院大部分都已经开展了"中文＋职业技能"项目，例如泰国孔敬大学孔子学院积极响应泰国教育部关于铁路方面人才的培养储备计划，与中国各铁路类职业院校开展合作，专门针对泰国铁路方面的人才需求开设了职业院校高铁培训班，将汉语、中国文化和专业技术结合在一起，为泰国产业发展做出贡献。此外，由泰国教育部职业教育委员会牵头，泰国清迈大学孔子学院、泰国清迈山甘烹技术学院和北京博导前程信息技术股份有限公司、新诺泰教育科技有限公司共同开展的"中文＋电子商务技能"合作培训项目，也加快了中泰两国数字化人才培养培训的进程。

为了深入发挥"中文＋职业技能"教育模式的作用，突出中泰职业教育合作成效，2020 年 12 月，中国教育部中外语言交流合作中心与泰国教育部职业教育委员会在线签署了"中文＋职业技能"合作的备忘录，双方明确要共建全球第一所语言与职业教育学院，在做好中文教育的基础上，充分调动"政、行、企、校"的力量，开发职业教育专业教学资源，提供师资，支持泰国开展高质量的"中文＋职业技能"教育。经过长期的共同规划，2023 年 3 月 21 日，由中国教育部中外语言交流合作中心和泰国教育部职业教育委员会共建的中泰语言与职业教育学院在曼谷正式揭牌，这也为"中文＋职业技能"教育迈向更高层次奠定了坚实的基础。<sup>①</sup> 2023 年 6 月 2 日，中泰语言与职业教育学院政策委员会主席颂德通猜副僧王和泰国教育部职业教育委员会秘书长塔努·沃金达率团访问了中国教育部职业教育发展中心，为双方共同发展"电商谷"清迈国际合作中心以及进一步推动"中文＋职业技能"等各类职业教育项目奠定了基础。次日，泰方代表团又访问了中国教育部中外语言交流合作中心，进一步就中泰双方共建的中泰语言与职业教育学院助力"一带一路"建设和"泰国4.0"战略发展进行了交流，也为双方进一步深入开展"中文＋职业技能"项目、开发教学资源、开展相关培训指明了方向。<sup>②</sup>

在中泰双方友好互动的基础上，"中文＋职业技能"的合作模式发展迅速，为泰国培养了大量产业急需的人才，泰国也积极寻找与中国职业院校合作的机会，以开展更多的"中文＋职业技能"合作项目。本质上，"中文＋职业技能"的教育合作模式就是把语言教学和技术技能训练有机地融合在一起，在这个框架之下可以预见的是，未来中泰双方能够开展更多的"中文＋职业技能"项目，在人才培养和国际交流合作方面发挥更大的作用。

总的来说，中泰双方基于语言教学难以满足泰国当地民众学习需求，以及"泰国4.0"战略提出的产业转型升级和经济社会发展的需要，共同将纯粹的语言教学升级为"中文＋职业技能"的合作项目，为泰国铁路等各行业领域培养培训了大量高素质技术技能人才，这也进一步深化了中泰双方的合作关系，产出了更多的职业教育交流合作实际效能。

## 第三节　泰国职业教育国际化发展的时代任务

在泰国教育部的积极推动下，泰国职业教育的国际交流合作取得了一定的成就。尤其是在服务"一带一路"倡议、"泰国4.0"战略、东部经济

---

① 中外语言合作交流中心. 全球首家语言与职业教育学院在泰国揭牌［EB/OL］.（2023–03–21）［2023–06–16］. http://www.chinese.cn/page/#/pcpage/article?id=1376.

② 教育部职业教育发展中心. 泰国教育部职业教育委员会代表团访问职教中心［EB/OL］.（2023–06–16）［2023–07–18］. http://www.civte.edu.cn/info/1012/3546.htm.

走廊计划等的过程中，泰国教育部职业教育委员会积极探索与其他国家在职业教育领域的合作项目，并与经济社会发展和产业转型升级协同，初步构建起了规划合理、方向明确、成效显著、持续健康的泰国职业教育国际化发展格局。当今时代，泰国职业教育国际化发展也要伴随着全球发展倡议、人类命运共同体建设等加快步伐，在时代背景和泰国需求的基础上明确泰国职业教育国际化未来发展的重点聚焦领域。

## 一、聚焦重点产业领域，推动国际产能合作

产教融合始终是职业教育的灵魂所在，加强职业教育国际化，必须瞄准重点产业领域，将产业要素融入职业教育体系，积极拓展国际化的产教融合、校企合作项目。从泰国目前整体教育领域的国际交流合作情况来看，语言、商贸是其主要合作方向，职业教育领域则更加聚焦铁路、农业、智能机器人、数控机床等领域，其中虽然包括了先进制造业重点领域，但总体而言，工程技术类学科专业的合作相对较少，尤其是与"泰国 4.0"战略所提出的十大重点产业领域进行对比，其中的契合性依旧有待加强。中泰职业教育合作是建立在共建"一带一路"、加强国际产能合作、"泰国 4.0"战略、东部经济走廊计划等基础上的，其目的也直接指向这些重大战略、倡议以及项目等。

推动国际产能合作，首先要加强合作双方政府的统筹协调。国际产能合作要有跨国的产教融合视野，它的有效落实必须建立在良好的国际产教关系上，这就需要合作双方政府在其中充分发挥统筹协调作用，通过配套的制度体系和行政手段，保障产教融合的落实工作能够有序进行。其次，要聚焦泰国经济社会发展和产业转型升级的重点领域。"泰国 4.0"战略提出了十大重点产业领域，这是泰国开展国际产能合作、引进国际优质资源的主要方向。例如当今世界普遍重视的数字化产业、航空航天等先进制造业重点领域，以及生物科技和农业等具有泰国本土特色的重点领域，注重在这些重点领域引进国际先进技术标准以及高端技术人才，并积极组织或参与相关专业领域的交流合作项目，加强泰国与世界范围内技术先进的国家之间的交流合作，进而助力泰国产业转型升级。最后，要加强重点产业

领域的人才联合培养。目前来看，泰国学历学位方面的国际合作还是以普通本科教育为主，职业教育领域尤其是面向重点产业领域的职业教育专业领域的人才培养相对欠缺，这对于泰国长期推动经济社会健康发展而言是不利的，因此泰国的国际交流合作要更多地向职业教育领域倾斜，尤其是向数字化、航空航天、生物科技和农业等重点领域倾斜。

## 二、完善标准互认机制，强化人员流动互访

　　根据联合国教科文组织的统计数据来看，泰国 2016—2020 年高等教育学生出国人数约 3.2 万人，其中包括高等职业教育领域的学生，[①] 相对而言具备一定的规模且历年人数比较稳定。2023 年 1—8 月，在澳大利亚学习的泰国学生总数为 24 670 人，在各国赴澳大利亚学习的国际学生总数中排第 7 位。总体而言，泰国出国留学的学生人数并不少，且泰国政府也积极参与或主导实施各类交流互访项目来帮助泰国学生出国留学。但这其中也存在着一定的问题，例如留学生相对较多的还是本科生，历年均能占八成以上，职业教育的学生出国交流的机会相对较少。当然，也有泰国国内联合办学或联合培训的项目能够促进职业教育学生的国际化培养（例如孔子学院、鲁班工坊以及其他国外职业院校的分院或共建的职业院校等）。此外，泰国与其他国家（尤其是非东盟的国家）之间，一方面有着语言交流的障碍，另一方面也存在着各种标准不一致的问题，包括学制、学业安排、学分、专业培养标准等，这些都直接影响到了泰国对外开展交流合作项目。例如中泰职业教育交流合作往往以考察交流、学历提升、短期培训等为主，缺少常态化、系统化的合作办学或人员流动机制，[②] 这和标准之间的对应性和协调性不足有很大的关系。目前，泰国已经开始着手进行标准体系的修改与完善，力争与国际标准对接、与合作国家对接，进而确保职业教育学生在流动的过程中能够有效地对接到另一套标准体系中，加强师生的互访流动，激发泰国职业教育国际化的活力。

--------

① UNESCO Institute for Statistics. Outbound internationally mobile students by host region ［EB/OL］.［2023-06-17］. http://data.uis.unesco.org.
② 阚阅，徐冰娜. 泰国教育制度与政策研究［M］. 北京：人民出版社，2020：358-359.

## 三、共建国际合作平台，拓宽国际交流渠道

国际合作平台的建设是实现泰国与其他国家进行常态化职业教育交流合作的重要基础，同时也是提升泰国职业教育国际话语权的重要举措。"国际话语权体现在国际社会关系中，是在实践中逐步生成的。要提升职业教育国际话语权，必须要在实践中积极参与、主动搭建职业教育交流合作平台，深化与世界各国的职业教育交流合作"。[①] 也就是说，通过自主搭建或与其他国家共建国际合作平台，不仅能够拓展泰国和其他国家开展职业教育交流合作的渠道和资源，也能够更好地提升泰国职业教育在世界职业教育体系中的影响力，这也是泰国职业教育国际化未来需要重点考虑的战略发展方向。泰国目前已经与东盟其他国家、中国、澳大利亚等国合作建成了一些职业教育国际交流合作平台，并初步形成了常态化的会议、联盟、竞赛、展演、培训等多种形式的交流合作机制。在未来的国际化战略中，泰国一方面要考虑进一步发挥已有平台的效能，例如要持续利用中泰职业教育联盟促进中泰双方职业院校的互学互鉴互访，深化伙伴关系，开展实质性的合作项目，另一方面也要积极拓展更多的职业教育国际交流合作平台，尤其要主导建设一批职业教育国际交流合作平台，既便于充分展示泰国职业教育发展成果，也便于更积极主动地学习国际职业教育先进经验。

---

① 米靖，王珩安. 中国职业教育国际话语权的历史嬗变与时代趋向 [J]. 现代教育管理，2023（1）：99-107.

# 第七章
# 泰国鲁班工坊的
# 标杆化建设经验

　　鲁班工坊是由天津市首创并率先组织实施的中国职业教育国际品牌，泰国鲁班工坊则是世界上首个揭牌启运的鲁班工坊。从中国的角度来看，鲁班工坊是将中国职业教育的先进理念、教学模式、专业标准、技术装备、教材资源向国外推介的职业教育国际品牌，是中国在海外开展职业技术教育与培训的重要依托，也是服务"一带一路"倡议、构建人类命运共同体的重要举措。而从泰国的角度来看，鲁班工坊则是泰国借鉴国际经验、完善本土技术技能人才培养模式、促进职业教育国际交流合作、提升本国职业教育质量的重要媒介。

　　泰国鲁班工坊作为世界上首个鲁班工坊，是率先落实鲁班工坊理论内核和建设方案的最为鲜活的实践案例，在建设的过程中不仅很好地诠释了鲁班工坊的独特内涵，也结合本土特征形成了特色模式和标杆范式。泰国鲁班工坊在实践中为泰国经济社会发展和产业转型升级培养了大批高素质技术技能人才，也为共建"一带一路"、落实全球发展倡议和联合国2030年可持续发展议程做出了一定的贡献。对泰国鲁班工坊的研究，其实也是对泰国职业教育发展中的一种典型模式的研究。本章通过探讨相对具有普遍意义的鲁班工坊理论和实践基础，以及泰国鲁班工坊的历史基础、发展现状、建设成效及发展趋势等，全面分析泰国鲁班工坊建设与发展的全过程，深入了解泰国职业教育强化国际交流合作、培养技术技能人才、助力经济社会发展的实践样态。

# 第一节 鲁班工坊的理论内核和实践模式

作为世界上首个鲁班工坊，泰国鲁班工坊的建设方案也是世界上其他国家建设鲁班工坊的标杆，其所遵循的是鲁班工坊品牌创建、方案设计与实施推广的基本原则，贯彻落实了鲁班工坊独特的理论内涵，形成了国际产能合作有力、中泰民心沟通有效的典型范式。若要对泰国鲁班工坊有更加深入的理解，尤其是要把鲁班工坊作为一种相对普适的国际职业教育品牌、国际职业教育交流合作范式推广到更广的范围并有效地适用落地，就不能仅仅局限于对泰国鲁班工坊建设历程、建设成效的描述与思考，更要挖掘其内在的、深层次的内涵，如马克思所言"抓住事物的根本"[1]，才能有更好的说服力。当然，我们探讨鲁班工坊的本质，探讨其理论和实践基础，最根本的目的还是要更好地去理解泰国鲁班工坊的建设与发展，进而了解泰国鲁班工坊是如何成为职业教育国际化的典型模式的，以及如何实现更深层次的合作（例如进一步推动国际产能合作、推动文化交流民心交融等），这也是我们深入研究泰国职业教育国际化的重要实践基础。

## 一、鲁班工坊的历史基础与逻辑理路

鲁班工坊的理念设计和实践发展，是在相对丰富的历史积淀和较为完备的理论体系的基础上实现的。泰国鲁班工坊作为先驱者，在实践建设与发展的过程中充分贯彻了鲁班工坊自身的历史逻辑和理论逻辑，为世界其他国家鲁班工坊的建设起到了较好的示范作用。从历史的源头来看鲁班工

---

[1] 马克思恩格斯选集：第 1 卷 [M]. 中共中央马克思恩格斯列宁斯大林著作编译局，编译. 北京：人民出版社，1972：9.

坊的起步与发展，不难发现，鲁班工坊是政府主导、政策推动，基于产教融合、校企合作长期实践的重要成果，也是多年区域职业教育发展经验集结而成的成果，具有较强的实践底蕴。

## （一）鲁班工坊的历史基础

鲁班工坊源于天津，是在我国教育部职业教育与成人教育司的权威指导下，由天津市率先主导推动建设，依托职业院校和企业共同走出去而形成的中国职业教育国际品牌。鲁班工坊是以天津市十五年的职业教育建设成果为总体支撑，[1]凝结了天津市职业教育先行先试的重点建设与发展经验，并在此基础上升华而出的成果。

泰国鲁班工坊的建设是泰国面对"中等收入陷阱"的困境，为了提升国家产能、提升技术水平、加快产业转型升级速度，并以技术创新驱动实现泰国经济社会健康持续发展所采取的重要国际合作措施。随着"一带一路"建设的持续纵深推进，我国推出了一系列的重大工程和国际产能合作项目，但一些"一带一路"共建国家的职业教育水平难以支撑相关的合作项目，当地的各类企业也迫切需要大量高素质技术技能人才来支撑企业发展和工程项目建设。基于这样的时代需求，在充分探索并初步形成了中国特色职业教育模式之后，天津市正式启动了在海外设立鲁班工坊的研究和设计工作。在对鲁班工坊的建设实施方案进行详细论证的基础上，2016年3月8日，天津渤海职业技术学院与泰国大城技术学院合作共建了全球首个鲁班工坊——泰国鲁班工坊。[2]

## （二）鲁班工坊的逻辑理路

泰国鲁班工坊作为一个先行先试的样板工程，其建设遵循了鲁班工坊自身的内在逻辑。从历史的角度来看，鲁班工坊是在集结中国职教智慧、

① 吕景泉. 鲁班工坊解析［M］. 北京：中国铁道出版社，2021：3.
② 金永伟，杨延. 2020年鲁班工坊建设与发展报告［M］. 天津：天津人民出版社，2020：3.

形成中国职教方案的基础上，进一步传播中国职教话语、讲好中国职教故事的一个实体化平台，它基于中国职业教育多年发展过程中所积累、形成的各种产教融合理念、教育教学方式、职业教育资源、校企合作实践、制度保障体系等一系列要素构成的相对比较完备的中国特色职业教育系统。<sup>①</sup> 这些历史积淀所形成的成果，实质上也是鲁班工坊最为关键的理论内核。

当然，鲁班工坊本质上依旧是一个中国职业教育国际品牌。中国职业教育在多年发展过程中逐渐形成的模式，是鲁班工坊得以建设、实施并推广的理论基础，"打铁需要自身硬"，这些理论基础就是鲁班工坊自身的"硬"实力。与此同时，鲁班工坊的建设还需要有传播、落地的"软"实力。当然，这里所说的软实力并不意味着其重要性不及硬实力。泰国鲁班工坊的建设如果不能真正聚焦泰国技术技能人才的市场需求，不能满足泰国经济社会发展和产业转型升级的需要，那么泰国鲁班工坊的价值必然会大打折扣。因此，鲁班工坊必须遵循国际化的逻辑进行品牌运营，并按照合作国家的经济社会发展现状和需求来进行建设。

泰国鲁班工坊是按照鲁班工坊的专业标准（硬条件），结合泰国本身的需求，因地制宜地选择适合泰国当地需求的建设方案（软条件）建设而成的。泰国鲁班工坊坚持平等合作、优质优先、产教融合、因地制宜的建设原则，积极引入教育理念、教学模式、专业标准、技术装备、优质资源等，并建设实体化平台，面向泰国经济社会发展和产业转型升级进行技术技能人才的培养培训工作。

总体而言，优质模式是泰国鲁班工坊建设的逻辑基础，经多年探索而形成的中国职教方案是泰国鲁班工坊建设最根本的依托，鲁班工坊的建设始终要以此为基础才能够实现；平等合作是泰国鲁班工坊建设的基本原则，鲁班工坊的合作模式分为校际合作、校企合作和政府合作三种，鲁班工坊建设实质上是中泰职业教育的国际交流合作，在合作过程中本身就要秉持平等自愿的原则；因地制宜是泰国鲁班工坊建设的实践要求，"泰国

---

① 眭川. 鲁班工坊的发展经验及对职业教育国际话语体系建设的启示［J］. 教育与职业，2023（9）：43–50.

4.0"战略对十大重点产业领域提出了人才培养要求，中泰双方共建鲁班工坊也充分考虑了"泰国4.0"战略的重点发展方向，有针对性地为泰国培养高素质技术技能人才；人才培养是泰国鲁班工坊建设的核心工程，为满足"泰国4.0"战略的要求，推动泰国重点产业领域优质化发展，需要开展技术技能人才的培养培训工作；标准完善是泰国鲁班工坊建设的关键举措，根据泰国的实际需要完善产业标准、企业标准、专业标准、人才培养标准等，是鲁班工坊的价值得以充分发挥的重要前提；资源共享是泰国鲁班工坊建设的重要保障，向泰方提供技术设备，中泰双方共享优质教育教学资源，能够更好地确保鲁班工坊的有效运行。

## 二、鲁班工坊全面助力国际产能合作

所谓国际产能合作，就是一个国家根据其拥有的生产要素（包括资本、技术、资源等）的情况，将自身的优势生产能力与优质生产资源输出到国际市场，通过合理地配置资源，实现国与国之间在基础设施、产业发展、技术创新等各方面的合作，充分发挥各国优势，推动基础设施建设、产业转型升级、技术创新应用，实现优势互补、互惠互利的一种新型经济合作方式。[①] 当然，在部分国与国的产能合作中，也会涉及整体的产业走出国门的方式，助力其他国家建立健全的产业体系，提升其他国家的制造业水平等。[②]

2016年，世界上首个鲁班工坊落成于泰国大城府，这是中国职业教育助力"一带一路"国际产能合作的开端，自此，泰国鲁班工坊开启了助力中泰产能合作的篇章。鲁班工坊不同于常规的国际交流合作，它是以技术技能人才、技术创新应用、产业转型升级为基础的。可以说，鲁班工坊本质上也是为服务"一带一路"国际产能合作而做出的积极探索。[③] 鲁班

---

① 吴福象. 中国推进国际产能合作的原则与实践方向［J］. 国家治理，2018（40）：2-6.
② 郭建民，郑慧. 开展国际产能合作评价指标体系及实证研究［J］. 宏观经济研究，2019（9）：80-87+101.
③ 杨延. 鲁班工坊建设的动因、内涵与特征分析［J］. 中国职业技术教育，2019（28）：67-71.

工坊主要是通过院校、企业"走出去"的方式，加强国家之间的职业教育国际交流合作，实现国与国之间的产业互补，合作双方可以将企业、技术、知识、资源进行交换和联结，这对于合作双方而言，都能够更好地促进技术技能人才的培养以及产业转型升级。

鲁班工坊对国际产能合作的促进作用一般可以从宏观、中观和微观三个层面来进行分析。在宏观层面，鲁班工坊致力于聚焦国家重大发展战略，尤其强调要和合作国家的经济社会发展需求相适应。"一带一路"共建国家的国际产能合作需要国家之间进一步强化互联互通的合作关系，合作领域要拓展至社会分工、市场管理、技术标准、生产要素等各方面。鲁班工坊是一个能够让诸多国家信服的职业教育国际品牌，也是国际产能合作中的重要助推器，能够通过产业、技术等方面的合作共享，促进国家之间协力推进产业转型升级。在中观层面，鲁班工坊助力产业输出，尤其是在产业标准、企业标准、专业标准、人才培养标准等方面。[①] 国际产能合作重点关注航空航天、船舶海洋等行业领域，鲁班工坊一方面要重点关注合作国家的产业结构，另一方面也要聚焦这些重点产业，产业的输出需要充分考虑这两个方面的要素。"一带一路"共建国家以发展中国家和新兴经济体为主，各国的产业发展水平在全球产业链中的优势相对不够突出，产业结构处于持续发展和完善的过程中，技术水平、产业的竞争力水平相对较低，高素质的技术技能人才相对比较匮乏，这些困境直接制约了"一带一路"共建国家的产业发展。因此，鲁班工坊要进一步强化标准建设与输出，尤其是在产业、行业、企业、职业、专业"五业联动"的标准对接方面要加强建设，实现标准化、规范化的产业输出及职业教育人才培养。在微观层面，鲁班工坊重视技术装备等方面的输出。国际产能合作要想真正落地，必然要以企业为主导，做好市场的对接，各种类型、各种规模的企业在现代产业体系中都扮演着基础性的角色，是国际产能合作中的重要主体。[②] 因此，鲁班工坊最后的落地一定要充分考虑企业需求，

---

① 蓝洁，唐锡海. "一带一路"倡议下职业教育服务国际产能合作的行动与展望 [J]. 中国职业技术教育，2018（6）：5-12.
② 金永伟，杨延. 2020 年鲁班工坊建设与发展报告 [M]. 天津：天津人民出版社，2020：240.

形成"政、行、企、校、研"五方协同的模式，这样才能够为鲁班工坊提供源源不断的动力，这也是鲁班工坊在微观层面助力国际产能合作的重要依托。

对于泰国而言，鲁班工坊深度服务"泰国4.0"战略、东部经济走廊计划以及中泰铁路建设项目等，形成了宏观层面的国际产能合作框架；聚焦"泰国4.0"战略中所提到的十大重点产业领域，奠定了中观层面的国际产能合作基础；推动职业院校、企业"走出去"，助力技术技能人才培养，推动产品、技术的研发创新，带动技术设备输出，落实了微观层面的国际产能合作行动。总的来说，在泰国鲁班工坊建设的过程中，中泰双方都十分重视其对于国际产能合作的重要推动作用，并形成了多层次、多维度、多举措的国际产能合作的基本框架。

鲁班工坊在全面助力"一带一路"国际产能合作的过程中，也形成了相对比较完善的区域布局和专业布局。泰国与中国以及其他周边国家（如东盟国家等）之间的产能合作相对比较密集，鲁班工坊促进了国家之间的优势产能互补，推动了各国之间的协同发展。而从专业布局的角度来看，鲁班工坊聚焦当今时代世界普遍关注的重点发展领域，尤其是各类新兴技术对当今时代发展与变革提出的新的要求，[①] 如智能制造、绿色技术、航空航天等，同时重点关注合作国的经济社会发展情况，明确其需要重点发展的产业领域，进而开展更加合适的产能合作。泰国鲁班工坊主要聚焦机电一体化、数控机床技术、物联网、新能源、高铁等领域，甚至还建设了高铁类的技术技能人才培养中心。

从产能合作的角度来讲，鲁班工坊项目的建设有一套专门的标准体系，泰国鲁班工坊的建设也遵循了这一套标准体系。目前来看，国际通用的鲁班工坊建设标准主要包括7个一级指标和23个二级指标。其中，一级指标包括：建设定位与宗旨、办学基础条件、场地建设情况、师资队伍情况、教学资源、校企合作基础、制度保障体系。在每个一级指标下都有2—5个二级指标，例如"教学资源"这一指标下主要包括专业标准、课

---

① Daniele Rotolo, et al. What is an Emerging Technology [J]. Research Policy, 2015（10）: 1827–1843.

程标准、教材资源和实训装备几个二级指标，这些教学资源首先要体现出国际化水平，要能够与国际标准进行有效对接；其次，要契合当地经济社会发展的需求，能够适应当地产业转型升级、企业创新发展、技术研发合作等对技术技能人才的需求；再次，要凸显产教融合、校企合作的特征，要切实把产业元素深度融入职业教育体系中；最后，要拓展多样化的资源类型，如教材方面要尽可能地开发更多的活页式教材、双语教材等。

总体而言，推动国际产能合作是鲁班工坊建设的重要任务之一，也是鲁班工坊建设的重要实践意义所在。对于泰国而言，鲁班工坊带着中国的职教标准、技术设备等一系列要素进入泰国，有力地促进了中泰双方的产能合作，尤其是在"泰国4.0"战略所提出的十大重点产业领域里，能够有效地实现双方优势技术资源的共建共享，也为泰国培养了一批高素质技术技能人才，培训了一批优质职教师资，这对于双方共同开展高质量的职业教育具有十分重要的意义。

## 三、鲁班工坊深度促进国际文化交融

文化交融是当今国与国之间交流合作的过程中非常重要的部分，也可以称为人文交流、文化外交等。在现代国际关系体系中，文化交流对于政治、经济、教育、社会、产业等方面的合作都有着非常重要的促进作用。[1] 这是因为文化要素在国际交流合作中能够起到潜移默化的推动作用，能够很好地加强不同国家人民之间的沟通与了解。同时，通过语言、文化的交流，也能够让国家之间建立更好的信任机制，强化彼此的认同感。所以，大力推动文化交流，实现文化的交融，对于国家之间开展合作，尤其是在教育、经济、产业等领域的合作，都有着重要的推进作用。[2] 从"一带一路"建设的整体任务布局来看，民心相通是"一带一路"

---

① 王维伟，薛锦. 金砖国家人文交流：进展、挑战与未来选择 [J]. 河南社会科学，2023，31（3）：23-32.

② Dagmara Gałajda. The Contribution of FL Learning Experiences to the Development of Multicultural Identity [J]. Aspects of Culture in Second Language Acquisition and Foreign Language Learning，2011：49-62.

建设重点任务中的重中之重，而人文交流和文化交融则是实现民心相通的重要基础，<sup></sup>文化互认、民心相通又是国与国之间深度合作的重要基础。鲁班工坊作为一种技术性的国际合作平台，既需要文化交融作为合作基础，也需要在一定程度上推动国与国之间的文化互认。

鲁班工坊深度促进国际文化交流的方式与一般的文化交流、语言沟通的方式有所不同，它是以产业（技术）交流合作为基础，进而带动文化交流，实现国与国之间的文化互认，而国与国之间的文化互认在一定程度上又可以反馈到产业（技术）的交流合作中，起到相应的促进提升作用，这样能够形成一种良性循环。可以说，鲁班工坊促进人文交流、文化交融的模式是将技术和人文有机结合在一起的模式，能够在社会多个子系统之间形成良性循环和协同效应，带动文化交融逐步加深。从技术系统或产业系统发力，本身具备一定的优势，一方面，新时代的教育合作不同于传统，不能仅仅是教育系统的输出与交流，教育合作要不断丰富内涵，同时要结合经济社会发展的其他子系统协同开展国际交流合作，尤其是跨文化、跨语言的教育合作中，更要重视从单一的教育合作向着服务经济社会发展的多元合作转变。<sup></sup>也就是说，人文＋技术的合作模式在职业教育国际交流合作中已经成为符合时代需要的优质选择，既要重视文化的交融与互认，做好平等友好合作的长期布局，也要在合作中融入当地经济社会发展和产业转型升级所需的技术技能，更快地迈出合作步伐，在经济社会发展的过程中产出实际效能，两者的协同并进能够更好地带动双方在职业教育领域的合作交流。另一方面，文化系统和其他经济社会子系统等有所不同，它具有较强的"惰性"，即不容易被影响，变化也相对比较小。这是因为一个国家的文化代表着这个国家在历史长河中不断积累、沉淀下来的精华，在短时间内很难有较大的改变，因此文化的互认往往也需要在长期的合作中才能够更好地体现出来。但技术、产业方面的合作不同，尤其是在当今时代，技术的迭代周期越来越短，产业转型升级的速度也越来越快。

---

① 杨延，王岚. 中国职教"走出去"项目"鲁班工坊"国际化品牌建设研究［J］. 中国职业技术教育，2021（12）：124-127+136.
② 李宝贵，刘家宁. 新时代国际中文教育的转型向度、现实挑战及因应对策［J］. 世界汉语教学，2021，35（1）：3-13.

对于泰国而言，"泰国4.0"战略推动产业、经济发展，需要大量的技术技能人才，也需要先进的工程设计和技术设备等要素，与泰国在这方面开展合作，能够很快地为泰国带来经济社会发展的直接效益，因而更容易提升泰方对合作的认可度，这对于中泰双方未来开展教育、文化等其他方面的合作有着十分重要的推进作用。

鲁班工坊促进国际文化交融的方式主要包括国际学术交流（会议）、职业教育体验活动、技能竞赛、参观与体验以及文化艺术交流等。鲁班工坊本质上依旧是开展职业教育与培训的机构，在开展教育培训活动的过程中，自然而然地将职业教育的理念、体系、模式、标准、课程、教学以及职业精神（包括工匠精神）等融入其中，尤其是要展示"执着专注、精益求精、一丝不苟、追求卓越"的工匠精神。依托各类国际技能大赛和国际交流会议，也是鲁班工坊促进人文交流的重要方式。尤其是在技能竞赛的过程中，鲁班工坊的师生有了充分展示自己的技术技能并与世界各国技能高手同台竞技的机会，有助于更好地同各国师生进行深入交流。一方面，鲁班工坊的师生参与竞赛取得成绩，强化了他们的信心，同时也进一步强化了他们精益求精、追求卓越的精神；另一方面，在竞赛的过程中也促进了技术标准的传播，加强了鲁班工坊师生对技术标准的认同感，同时也加强了各国之间的人文交流。此外，鲁班工坊也十分重视增强彼此之间科技文化、区域文化的交流，例如展示智能机器人、3D打印技术等方面的科技文化，展示饮食、手工艺、曲艺等各方面的传统文化，让各国的鲁班工坊师生都能够深刻感受不同区域的文化魅力。

鲁班工坊的建成国有常态化的职业教育合作交流机制，例如通过职业教育国际交流研讨会＋鲁班工坊、国际论坛＋鲁班工坊或专家讲座＋鲁班工坊等模式，加强各国之间的人文交流。同时，鲁班工坊还有各类国际性的展示与宣传活动，能够为各国分享鲁班工坊建设成果提供平台，这也为各国实现人文交流提供了重要的平台。2022年8月，由中国主办的首届世界职业技术教育发展大会专门设置了"'一带一路'合作与鲁班工坊建设发展论坛"，各国专家深入交流鲁班工坊建设标准，共同谋划鲁班工坊未来发展趋势，进一步深化了鲁班工坊建成国之间的文化认同与合作关系。① 同时，大会还专门设置了鲁班工坊展区，向世界各国充分展示了鲁班工坊建设成果，扩大了鲁班工坊人文交流的影响力。

总体而言，鲁班工坊以技术合作推动人文交流，再以更深入的人文交流反哺技术合作以及其他经济社会发展领域的合作，通过技术 + 人文双重维度，大大强化了国与国之间的合作关系。

# 第二节　泰国鲁班工坊的建设情况与成效

泰国鲁班工坊作为世界上首个鲁班工坊，有着奠基示范、开创先河的意义与价值，再加上其探索出了多所职业院校联结优质国际专业共同建设鲁班工坊的道路，创新形成"一坊两中心"的建设模式，为其他国家建设鲁班工坊提供了良好的借鉴经验，也为泰国经济社会发展和产业转型升级培养了大量高素质技术技能人才。对泰国鲁班工坊的建设情况与成效进行分析，不仅能够充分了解泰国经济社会发展、产业转型升级的时代需求和未来趋势，还能够了解泰国国际化职业教育人才培养以及泰国职业教育国际化水平提升的典型经验。

## 一、泰国鲁班工坊的筹建基础

鲁班工坊的建设一般有三种模式：职业院校与职业院校联合共建、校企合作联合共建以及政府战略合作共建。泰国鲁班工坊的建设是一种职业院校与职业院校联合共建的模式，由中方的天津渤海职业技术学院和泰方的泰国大城技术学院联合建立，后期又加入了中方的天津铁道职业技术学院，形成"一坊两中心"（一个鲁班工坊，分别设立渤海中心和铁院中心）的模式。此外，在泰国鲁班工坊建设过程中也融入了政府战略合作和校企合作的元素。

---

① 杨晶晶. 鲁班工坊的全球建设、创新实践与发展愿景——"一带一路"合作与鲁班工坊建设发展论坛综述［J］. 中国职业技术教育，2022（28）：52-59.

政府的友好平等合作是泰国鲁班工坊建设的重要基础，泰国鲁班工坊的建设与中泰双方长期以来在政治、经济、商贸、文化、科技、教育等各个领域深入且卓有成效的合作有着密切关系，尤其是在教育领域的合作，更是为中泰双方合作共建鲁班工坊奠定了重要基础。自 1975 年 7 月 1 日中泰两国正式建立外交关系之后，双方便保持着密切的磋商合作关系，在国际关系和国际事务中达成了很多共识，始终坚持相互支持、密切合作，并分别于 1976 年和 1987 年成立泰中友好协会和中泰友好协会。1999 年 2 月，中泰双方在曼谷共同签署了《中华人民共和国与泰王国关于二十一世纪合作计划的联合声明》，为二十一世纪的长期战略合作奠定了基础并明确了方向；2012 年 4 月，《中华人民共和国和泰王国关于建立全面战略合作伙伴关系的联合声明》发布，中泰双方建立全面战略合作伙伴关系；2017 年 9 月，中泰双方签署《中华人民共和国政府和泰王国政府关于共同推进"一带一路"建设谅解备忘录》；2022 年 11 月，两国发表《中华人民共和国和泰王国关于构建更为稳定、更加繁荣、更可持续命运共同体的联合声明》，持续深化中泰双方在教育、经济、产业等各领域的全面合作关系。迄今为止，双方已缔结了 41 组友好城市和省府，中泰双方合作关系十分稳固。①

具体到教育领域，中泰双方政府于 1999 年签署了《关于高等教育合作谅解备忘录》，初步形成了中泰双方在高等教育领域开展合作的框架协议和主要方向，为双方开展高等教育领域的合作奠定了重要基础。2007 年，双方签订了《关于相互承认高等教育学历和学位的协定》，促进形成中泰双方高等教育学分、学位的互认制度，便于两国学生交换留学、联合培养等事项的开展，进一步加强了中泰双方高等教育领域的互认和融通。2009 年，双方签订《教育合作协议》，持续推动双方教育合作全面深化。中泰双方在此基础上长期进行沟通交流，并相互培养留学生，每年泰国来华的留学生 7 000 余人，在华留学生总数 2 万余人，中国每年赴泰留学生 9 000 余人，在泰留学生总数 3 万余人。同时，双方也时常开展各类教学

① 中华人民共和国外交部. 中国同泰国的关系［EB/OL］.［2024–06–27］. https://www.fmprc. gov.cn/gjhdq_676201/gj_676203/yz_676205/1206_676932/sbgx_676936/.

培训项目或召开国际会议等，以加强教育领域的沟通交流。在职业教育领域，天津市教育委员会与泰国职业教育委员会签署了职业教育项目合作的框架协议以及孔子学院奖学金项目合作的框架协议，[①] 以加强双方在职业教育技能竞赛、技术设备、教育资源、教学理念等各方面的合作，通过职业教育合作推动"泰国 4.0"战略与"一带一路"倡议的有效对接。这些都对中泰双方共建鲁班工坊起到了重要的奠基和推动作用。

虽然泰国鲁班工坊是典型的职业院校与职业院校共建的模式，但实质上也离不开企业的积极参与，因为就鲁班工坊的特性而言，它始终是职业教育国际化的重要成果，要助力国际产能合作；[②] 就职业教育而言，产教融合、校企合作始终是其作为"类型教育"的重要特征，没有企业的积极参与，职业教育的成效难以体现，[③] 鲁班工坊也很难产出高质量的成果。在泰国鲁班工坊建设过程中，中泰双方的企业都发挥了十分重要的作用，其中包括天津渤海化工集团有限责任公司、天津七二九体育器材开发有限公司、天津圣纳科技有限公司、中国铁路设计集团有限公司、天津骥腾科技有限公司、泰国国家铁路局等，[④] 这些企业为泰国鲁班工坊的框架建设、设备支持、人才培养、技术研发、项目设立等都提供了重要的帮助。

泰国鲁班工坊的建设经历了前期合作筹备、正式揭牌启运、渤海中心建设、铁院中心建设、优质稳定发展等阶段。2014 年，天津市 11 所高等职业院校和泰国 11 所职业院校进行了深入交流，初步建立了双方的合作交流机制。此后，天津渤海职业技术学院和泰国大城技术学院开展了多次互访交流活动，初步明确了合作办学的意向，并于 2015 年在共同参加"中国 – 东盟职业教育联展暨论坛"的过程中进一步加深了双方的合作关系，深化互信机制，随后双方明确了共建鲁班工坊的意向，并签署了共建协议，明确了双方共建鲁班工坊的相关事项。在双方共同做好团队组建、选

① 金永伟，杨延. 2020 年鲁班工坊建设与发展报告［M］. 天津：天津人民出版社，2020：43.
② 刘聪，赵红. 我国海外鲁班工坊高质量发展：实然审视与应然向度［J］. 教育与职业，2023（12）：101–105.
③ 肖凤翔，王珩安. 校企合作法治化的目标框架与制度供给——基于权利视角的分析［J］. 中国高教研究，2021（5）：103–108.
④ 金永伟，杨延. 2020 年鲁班工坊建设与发展报告［M］. 天津：天津人民出版社，2020：45–46.

择并建设场地、引进技术设备、培训相关师资等准备工作之后，2016 年 3 月 8 日，世界上首个鲁班工坊——泰国鲁班工坊正式揭牌启动。泰国鲁班工坊的一期工程占地约 232 平方米，主要开设了机电一体化国际化专业，并设立了仿生机器人学习体验区、电脑鼠走迷宫学习竞赛区、POWERON 创新套件实训区和自动化生产线教学区等四个功能教学实训区。2018 年 1 月，泰国鲁班工坊完成了二期建设，正式建成了渤海中心，新增物联网技术、数控机床和新能源汽车技术三个国际化专业，同时增设了物联网 EPIP 实训区、数控机床实训区、新能源汽车教学实训区和新能源汽车维修区四个功能教学实训区。2018 年 7 月，由天津铁道职业技术学院建设的泰国鲁班工坊铁院中心正式启动运营，新增（高铁）动车组检修技术和（高铁）铁道信号自动控制两个专业，此后天津铁道职业技术学院还和泰国其他 9 所交通类学院共同组成了泰国高铁职业教育联盟。[①] 泰国鲁班工坊的 6 个专业结合泰国产业转型升级和经济社会发展的需要培养高素质技术技能人才，正式开启了泰国鲁班工坊高质量运营的篇章，泰国鲁班工坊也从最初的 232 平方米扩展为整幢教学楼（2 000 多平方米），扩大了人才培养的规模，扩大了鲁班工坊的影响力，也打造了泰国职业教育国际化的典型模式。

## 二、泰国鲁班工坊的建设内容

泰国鲁班工坊在建设过程中始终秉持着率先示范的原则，坚持高标准、高水平、高质量的建设方案，在制度体系、设施设备、教学资源、师资队伍、教学模式以及文化交流等方面进行重点建设，有效地助力世界上首个鲁班工坊的建设运营。

第一，健全制度体系。鲁班工坊的建设离不开制度体系的保障，摸着石头过河和加强顶层设计是辩证统一的。泰国鲁班工坊作为世界上首个鲁班工坊，本身具有开创性的意义，其建设过程可以说是摸着石头过河的探

---

① 金永伟，杨延. 2020 年鲁班工坊建设与发展报告［M］. 天津：天津人民出版社，2020：52–54.

索过程；同时，泰国鲁班工坊的建设也有优质的顶层设计来支撑，在建设之初就组建了专门的工作小组，针对泰国鲁班工坊的建设方案进行了多次研讨，其建设建立在中国古代"班墨[①]文化"和中国职业教育长年探索的成果之上，关于鲁班工坊的建设内涵、原则、宗旨、目标、功能和实施路径等都有着一套完整的规范体系，[②]并在此基础上形成了泰国鲁班工坊的实施方案、《泰国鲁班工坊章程》及《鲁班工坊管理与监督方法》等规范性文件。此外，还有中泰双方关于职业教育国际交流合作的顶层制度予以支撑，再加上建设院校也制订了关于外国留学生、外籍教师、经费支持与管理、招生管理、鲁班工坊校企合作、项目管理等各类配套制度，基本形成了支撑鲁班工坊有效运营的制度体系，为鲁班工坊建设奠定了顶层设计方面的重要基础与保障。

第二，配套设施设备。泰国鲁班工坊落成在泰国大城技术学院内，泰方提供了独幢建筑专门用于鲁班工坊的日常运营。泰国鲁班工坊经过三期建设和运营，已经从最初的 232 平方米扩展到 2 000 多平方米，空间布局基本形成，能够支持鲁班工坊的人才培养与培训活动。泰国鲁班工坊的两中心（渤海中心和铁院中心）分别位于一层和二层，各自都分配了教学区、教研区、技能大赛设备研发区、实训区等各类功能区。目前，泰国鲁班工坊的教学实训设备数量已达 389 台（套），设备总值超过 1 000 万元，同时依托 6 个国际化专业配备了相应的技术设备，以支撑教学、研发、竞赛、实训等活动。[③]例如面向物联网技术专业，专门设置了物联网 EPIP 实训室，既提供了 NEWLab 场景创新演示平台、VR 展示平台等先进物联网设备，也提供了各类物联网典型应用场景的仿真沙盘，以便于学生能够在实践中体验专业化的物联网技术教学活动。（高铁）动车组检修技术专业则设置了专门的驾驶仿真演练系统等，并按照中国高铁实际使用的设备提供了各类教学专用设备，能够有效地满足专业教学需求。由中泰双方校企合作共同建设的技能大赛设备研发区也专门提供了专业化的设施设备，

---

① "班墨"即鲁班和墨子。

② 张磊. 鲁班工坊核心要义的构型及特征解析［J］. 职业教育研究，2022（6）：5-12.

③ 吕景泉，于兰平，黎志东. 世界上首个鲁班工坊——泰国鲁班工坊研究［M］. 北京：外语教学与研究出版社，2023：110-117.

并能够为国际职业技能竞赛研发标准化的技术设备。

第三，共研教学资源。泰国鲁班工坊最主要的功能是提供职业教育与技能培训，尤其是在人才培养方面，更是需要从专业设置、人才培养方案、课程体系、教育资源、教材开发等各方面建立一套完整的职业教育标准体系。渤海中心的 4 个国际化专业均为 3 年学制，学生首先在泰国大城技术学院学习半年基础课程，然后在中国学习 2 年的汉语、中国文化以及专业知识，其中包括技术技能的训练以及专门的实训流程，即在中国接受"中文 + 职业技能"的相关教育，此后再返回泰国参加半年的顶岗实习。铁院中心采用 2 年学制，学生第一年在泰国大城技术学院学习通识性的基础课程和专业化的基础课程，第二年则在中国学习专门的技术技能。鲁班工坊的部分专业建设标准被纳入泰国国民教育体系中，例如机电一体化专业的标准在 2016 年获得泰国教育部的评估认证，得到了泰国的广泛认同，这对于该专业的招生培养也有重要意义。[①] 同时，中泰双方十分重视课程标准建设和教材资源开发等，将泰国国家职业资历标准以及中国的国际化专业教学标准有机结合在一起，强化应用性、实践性，充分融入产业元素，开发相应的课程标准与教材资源。目前已经开发了超过 60 门专业课程的标准，各专业也配套开发了大量的教材、实训指导书以及其他数字化教学资源，尤其是在高铁领域，为泰国（高铁）动车组检修技术和（高铁）铁道信号自动控制等专业填补了空白。

第四，共建师资队伍。教师是教育教学活动实施的重要主体，也是泰国鲁班工坊人才培养活动得以正常开展的根本，中泰双方根据专业教学需求共同组建了梯度合理、人员充足的专业教师队伍。目前，中方教师共有 68 人，其中渤海中心 55 人，铁院中心 13 人，泰方有教师 27 人，通过培训之后也形成了"专业带头人 + 骨干教师"的强大队伍，能够有效支撑学科建设和专业发展。[②] 鲁班工坊在实际的运营过程中，通过培训促进师资队伍掌握职业教育的先进理念、专业化的教学模式、技术技能的应用能力等，同时也对师资队伍进行跨文化知识、专业技术与行业前沿动态等方

① 金永伟，杨延. 2020 年鲁班工坊建设与发展报告［M］. 天津：天津人民出版社，2020：25.
② 吕景泉，于兰平，黎志东. 世界上首个鲁班工坊——泰国鲁班工坊研究［M］. 北京：外语教学与研究出版社，2023：121–122.

面的拓展培训。此外，泰国鲁班工坊还专门举办过 EPIP 师资培训班，泰国大城技术学院、甘塔拉拉克技术学院、甘塔拉技术学院、乌汶技术学院等四所院校的诸多教师都接受了相关培训，这进一步强化了教师队伍的专业实践能力、教学能力、资源开发能力、信息化应用能力和自我学习提升能力，尤其强化了教师的国际视野，提升了教师专业化的技术技能水平，对泰国鲁班工坊人才培养活动的开展有着基础性的作用。

第五，共创教学模式。泰国鲁班工坊采用的是 EPIP 教学模式，即工程（Engineering）、实践（Practice）、创新（Innovation）、项目（Project）四个要素的深度有机融合，这也是以职业教育技术技能人才培养的实践经验为基础而形成的一种教学模式的中国品牌，是一种结合工程项目的背景，以工程项目的实践为导向，始终突出应用性、实践性、创新性，并以项目为驱动力的教学模式。EPIP 教学模式是鲁班工坊的基本教学模式，在泰国鲁班工坊实际运营的过程中，基于 EPIP 教学模式完成了一系列教学标准、教学案例、教学模式的制订。泰国大城技术学院将 EPIP 中英文教材翻译为泰文，依托国际专业，形成了《EPIP 教案集》，为实际教学活动的开展以及技能竞赛的组织实施奠定了基础。在 EPIP 教学模式的指导下，泰国鲁班工坊的国际化专业都专门研制了相应的教学标准、课程标准等，在专业建设、人才培养等方面取得了一定的成效。

第六，强化文化交流。鲁班工坊可以说是一种典型的产教融合型的合作模式，人才培养、技术应用等都是鲁班工坊的重要合作内容，在这个过程中，良好的人文交流对于促进双方形成互信机制、开展更加深入的鲁班工坊建设与合作而言都是十分有必要的。中泰双方依托鲁班工坊举办了一系列的人文交流活动，例如"天津·渤海周""泰国·大城周"等。活动的类型非常丰富，其中包括学术活动（如 EPIP 国际联盟论坛等）、比赛类活动（如各类职业院校技能竞赛）、各类展演活动和文化活动，中泰双方展示各自传统文化的魅力，有助于进一步加深中泰双方的人文交流，助力鲁班工坊推进技术技能人才培养。此外，还有结合鲁班工坊的基础——班墨文化的交流，通过分享交流班墨文化，传递精益求精的工匠精神。强化技术技能人才培养中的职业精神养成，也是鲁班工坊建设的重要任务之一。

## 三、泰国鲁班工坊的运营成效

作为世界上首个鲁班工坊，泰国鲁班工坊的建设成果与经验能够为其他国家建设鲁班工坊提供参考。泰国鲁班工坊从助力"泰国 4.0"战略、助力"一带一路"国际产能合作、助力人类命运共同体构建的高站位出发，在中泰双方的共同努力下，逐步落实，产出了一系列高水平成果，在人才培养、师资培训、平台建设、资源开发、民心相通方面都取得了显著的成效。

### （一）高素质技术技能人才培养

人才培养是鲁班工坊最基本的使命，也是推动"泰国 4.0"战略落实落地以及"一带一路"国际产能合作的基础和前提。泰国鲁班工坊自成立以来，针对泰国本土的学历教育，已培养了 1 300 余人，且这些学生均能够获得泰国学历证书。泰国鲁班工坊的留学生[①]招生数量共有 200 余人，目前已毕业 66 人，其中有 27 人进入本科院校继续学习，其余学生均已就业，就业率达到 100％。泰国鲁班工坊所培养的学生在国际技能竞赛中也取得了优异的成绩，荣获东盟技能大赛中的竞赛奖牌、泰国职业教育宝石王杯大赛中的金牌冠军诗琳通宝石王杯、泰国国家劳动技能大赛中的金牌冠军奖等，充分体现了泰国学生在接受鲁班工坊教育后的成长效果。泰国教育部职业教育委员会对泰国鲁班工坊的人才培养质量表示高度认可。此外，泰国鲁班工坊还积极拓展了更多的国内外培训活动，面向泰国以及其他东盟国家职业院校师生，已培训过万人次。在泰国鲁班工坊筹建和运营过程中，中方向泰方提供了大量的师资培训项目，一方面为泰国鲁班工坊建设奠定了高水平的师资队伍基础，另一方面也将优质的中国职教标准和方案在泰国范围内进行推广，为泰国提升职业教育水平贡献了一定的力量，泰国教育部职业教育委员会对此也表示认可。

---

① 这里所说的留学生，是指中泰双方分段实施教育的留学生，接受前文中所提到的由天津渤海职业技术学院和泰国大城技术学院合作的"0.5+2+0.5"学制教育，或者由天津铁道职业技术学院和泰国大城技术学院合作的"1+1"学制教育。

## （二）多样化国际交流平台建设

中泰双方在泰国鲁班工坊的建设过程中十分重视各类高水平的平台建设工作，在各类平台的建设过程中，中泰双方一方面深化了鲁班工坊的理论研究与实践探索，逐步探索出更适合泰国且具有推广价值的高质量鲁班工坊建设模式，另一方面也拓展了泰国鲁班工坊在国际职业教育体系中展示成果、发出声音的渠道，加强了泰国鲁班工坊同其他高水平职业教育国际组织以及职业教育专家学者之间的交流合作，为泰国鲁班工坊的高质量、可持续发展打下了坚实基础。

由泰国鲁班工坊衍生出了三大中心：以中泰职业教育交流合作为基础成立了中泰职业教育研究中心，中泰双方共同研究职业教育政策、开发职业教育国际标准、提供决策咨询服务、开展人员培养培训工作、开发职业教育教学资源等，目前已经开展了大量的人才培养方案制订、课程标准与教材研发以及课题研究等工作；以鲁班工坊建设的理论与实践为基础成立了鲁班工坊研究与推广中心，专门进行鲁班工坊的理论研究与实践探索工作，做好全球鲁班工坊规划设计和评价管理方面的研究工作，并联合各界力量进行资源开发和合作渠道拓展等，为鲁班工坊的可持续发展奠定基础；以鲁班工坊中核心的 EPIP 教学模式为基础成立了 EPIP 教学研究中心，有效运用并大力推广 EPIP 教学模式，让更多的泰国学生受益。这三大中心构成了泰国鲁班工坊高质量、可持续发展的重要基础，同时还能够为泰国鲁班工坊建设与发展以及泰国与其他国家的职业教育交流合作提供常态化的智力支撑。此外，依托泰国鲁班工坊及相关平台，逐步生成了会议、展演、竞赛等多元化的短期交流合作平台。在 2022 年首届世界职业技术教育发展大会上，泰国鲁班工坊充分展示了多年以来的发展成果。

## （三）大范围职教品牌效应输出

泰国鲁班工坊的建设不仅向世界推广了"鲁班工坊"这一中国特色的职教品牌，也向世界充分展示了泰国职业教育国际化的典型案例，并产生了一系列的品牌效应。首先，泰国鲁班工坊的建设模式得到了中泰两国官方的高度认可，也获得了系列奖项。例如在鲁班工坊的支撑下，泰国大城技术学院的办学水平和人才培养质量得到了很大的提升，再加上其培训项目为泰国其他职业院校也培养培训了大量人才，其标准体系得到了泰国政府的高度认可，2017年泰国大城技术学院荣获"国王奖"，这是泰国职业院校的最高奖项。在泰国鲁班工坊的建设过程中，中国职业院校，尤其是天津的职业院校做出了突出的贡献，得到了泰国政府的高度认可，2017年泰国鲁班工坊的设计与建设者都获得了泰国"诗琳通公主奖"，这一奖项是泰国皇室的重大荣誉，也证明了中国对泰国鲁班工坊建设以及泰国职业教育高质量发展所做出的突出贡献。此外，泰国鲁班工坊独特的"一坊两中心"建设模式，以及国际产教融合、校企合作的基本理念，对其他国家建设鲁班工坊、开展职业教育国际交流合作都起到了一定的借鉴作用。泰国鲁班工坊在各类平台上持续发声，也在国际社会中得到了一定程度的认可，为进一步推广鲁班工坊模式奠定了重要基础。

# 第三节　泰国高水平建设鲁班工坊的经验

泰国鲁班工坊的建设是探索性、创新性的，泰国鲁班工坊所取得的成效、声誉等证明这是一次成功的探索。泰国鲁班工坊建设积累了很多有益的经验，一方面能够为中泰双方继续开展更深入、更全面的职业教育交流合作奠定基础，另一方面也能够为其他国家合作建设鲁班工坊提供参考。总体来看，泰国鲁班工坊的建设遵循了鲁班工坊最核心的内涵。

## 一、实行创新教学模式

鲁班工坊作为一个职业教育国际交流合作品牌，其建设与发展要始终围绕技术技能人才的培养与培训来展开，在这一过程中，选择适当的教育教学模式就显得尤为重要。泰国鲁班工坊所使用的是工程实践创新项目（EPIP）教学模式，即工程化、实践性、创新型和项目式。EPIP教学模式将工程项目的思维融入鲁班工坊的教育教学活动中，以各产业领域实际的工程为背景，将工程实践活动贯穿教育教学的全过程，强调其创新性和实践性，并重视项目导向的教学，以便于培养适应产业发展需要和企业岗位需求的技术技能人才。泰国鲁班工坊建设初期就明确了EPIP教学模式的核心地位，泰国大城技术学院也积极组织将EPIP相关的中英文教材翻译为泰文，以便于泰国鲁班工坊的学生能够更好地接受EPIP教学模式。同时，泰国鲁班工坊专门进行了EPIP理论研究的资源库建设，深入学习EPIP教学模式的理论内核，并探讨将EPIP教学模式运用到实际教育教学活动中的方式。

在泰国鲁班工坊的实际运营过程中，EPIP贯穿始终。在宏观层面，中泰双方达成了EPIP理论研究和实践应用的共识，将其作为泰国鲁班工坊教育教学活动展开的基本方式；在中观层面，EPIP被引入泰国鲁班工坊的国际化专业建设中，并且获得了泰国教育部职业教育委员会的认可，例如泰国鲁班工坊铁院中心关于高铁的两个国际化专业，就都是通过EPIP教学模式来建构专业架构、师资队伍以及课程体系等要素的；在微观层面，EPIP则是具体的教育教学活动的基本依据，课程设置、教材开发、教学过程等均是如此，[①] 例如动车组检修案例的教材就是以真实的检修工程项目为背景，按照认知、实践、应用、创新等顺序帮助学生习得专业技能，收到了良好的教学效果。

在采用EPIP教学模式的基础上，泰国鲁班工坊形成了有效的专业建设、人才培养、课程设置与教材开发标准，大大提升了职业教育人才培养的专业性，也对泰国鲁班工坊开展高质量的教育教学活动产生了较大的助力，这是泰国鲁班工坊高质量建设的重要基础之一。

## 二、对接国际专业标准

作为职业教育国际化的典型项目，泰国鲁班工坊的建设标准要能够与国际标准相互对接，既能够满足泰国与其他国家或国际组织之间的标准互

---

① 吕景泉，耿洁，芮志彬，崔鹏. 工程实践创新项目（EPIP）教学模式应用研究——以高速铁道技术类专业与课程建设为例［J］. 天津职业院校联合学报，2020，22（10）：3-7.

认，便于人员的相互流动与交流合作，也能够更好地学习借鉴国际先进的专业标准，便于提升泰国本土的职业教育人才培养质量。泰国鲁班工坊的专业标准是国际化和本土化充分结合的产物，专业标准首先来源于中国教育部认定的部分专业的国家职业教育专业教学标准，其中就包括铁道类的专业标准。在鲁班工坊项目开始研究论证之后，中泰双方就开始结合这些标准体系和泰国当地的实际需要，尤其是重点梳理国际化企业的各个岗位所需要掌握的核心技术技能，以产业、行业、企业、职业、专业"五业联动"机制为牵引，将国际化的产业、企业标准转化为职业教育的专业教学标准，明确人才培养目标，确立课程体系，重点形成工作任务导向的专业课程体系，初步形成了与国际化标准相对应（尤其是和国际化的企业、产业标准相契合）的专业教学标准，而这种国际化的标准就是应用到各个鲁班工坊中的专业标准"原型"。当然，在此基础上，也必须充分考虑鲁班工坊建设国的国情特征，在通过产教融合的方式初步研制国际化的专业教学标准后，需要和鲁班工坊建设国共同研发适合当地鲁班工坊使用的专业教学标准，随后还要将这套标准实际运用到鲁班工坊建成国，进而尝试将其纳入建成国的国民教育体系中。例如泰国鲁班工坊中的机电一体化专业标准就已经被泰国教育部纳入泰国国民教育体系中，铁道运输类专业的建设标准中也始终强调要以 EPIP 教学模式为基础（建设原则、师资建设、教学条件、教学标准、师资培训、课程标准中都有强调），在课程设置上充分体现了 EPIP 教学模式的理念。[①]

国际化的标准融合本土化的需求，形成符合国情且与国际实现有效对接的专业标准体系，以此为基础，能够更加精准地顺应泰国社会和产业的需求培养技术技能人才，同时也能够保证人才培养体现出国际水平。

## 三、依托高端竞赛平台

"岗课赛证"的融合是职业教育实现高质量技术技能人才培养的重要途径，这种模式能够有效地提升职业教育中的技术含量，加强产教融合关

---

① 杨延. 鲁班工坊建设标准研究 [M]. 北京：中国铁道出版社，2022：140-158.

系，提升学生学习的兴趣。[①] 其中，"赛"是高质量课程教学的标杆，是充分展现教学效果的重要渠道，也是强化育人效果、展示技术技能、加强技术交流的重要平台。通过高端技能竞赛，能够更好地还原真实的工作情境和工作任务，更加综合地考查技术技能人才的水平。

泰国鲁班工坊在建设过程中始终坚持依托高端竞赛平台，以高端赛项引导专业建设，将高水平的竞赛标准融入鲁班工坊的教学标准中。泰国鲁班工坊的功能区中专门划分出了技能大赛设备研发区和教研区，通过校企合作的形式吸纳行业企业的先进标准，尽可能将大赛资源进行转化，既能够为高端竞赛的举办提供基础，也能够将其中的高标准融入教育教学活动中。通过将高端竞赛的理念、标准、装备等资源进行转化，将其融入专业课程教学的过程中，这是泰国鲁班工坊高质量建设的一个重要保障因素，同时也为专业教学标准在国际社会中的互学互鉴奠定了基础，对于泰国鲁班工坊建设而言是非常宝贵的资源。在 2022 年首届世界职业技术教育发展大会和同期举行的世界职业院校技能大赛上，来自泰国鲁班工坊、泰国大城技术学院等的多位专家分享了鲁班工坊和 EPIP 的建设成果。高端平台上的国际交流，能够为泰国鲁班工坊引进更多的优质资源，形成良性循环，进一步助力泰国鲁班工坊的高质量建设。

## 四、强化教育资源建设

教育资源是职业教育活动得以顺利开展的基础性要素，也是泰国鲁班工坊建设过程中十分重视的模块，在建设过程中强调要健全师资队伍、专业教材、技术设备等优质资源，支撑泰国鲁班工坊的运营。泰国大城技术学院专门为泰国鲁班工坊提供了一幢大楼，最初的鲁班工坊占地约 232 平方米，通过中泰双方的共同努力，初步完善了鲁班工坊场地建设的基础设施，搭建了鲁班工坊实体化运营的平台。此后，泰国鲁班工坊逐渐发展到占地 2 000 多平方米，划分出多个功能区，其中包含大量的实训区，在每个实训区都配置了用于教育教学和技能提升的专业技术设备，例如（高

---

① 曾天山. 试论"岗课赛证"综合育人 [J]. 教育研究，2022，43（5）：98–107.

铁）铁道信号自动控制专业 CTCS 教学区中配置了行车控制台、调度台、列车运行监督系统、列控中心系统等多项技术设备，可以满足控制运行、运行限速、道岔转换等多种情境的教学要求。自动化生产线教学区移植了亚龙自动化生产线，通过多个单元的划分，让学生真实感受到生产线的流程运作方式，以及机械、电子、通信网络等各方面的技术应用。

泰国鲁班工坊高度重视师资队伍和专业教材等方面的建设，通过对泰方师资队伍进行培训，确保其能够掌握职教理念、教学模式和技术应用等，提升其职业教育教学的素养，确保其能够运用鲁班工坊的教学资源为泰国培养技术技能人才。同时，泰国鲁班工坊高度重视对其他泰国院校的师资队伍进行培训，帮助更多的泰国教师掌握先进技术技能、能够使用先进的职教理念和教学模式培养更多的人才。在教材资源的开发方面，泰国鲁班工坊基于 EPIP 的教学理念，在各个专业领域开发了一系列教材，同时也有关于 EPIP 的指导性教材，这些都成为泰国鲁班工坊开展教育教学活动的基础性资源。尤其是关于专业标准的双语教材，已经被纳入泰国国民教育体系中，成为泰国技术技能人才培养的重要参考标准。①

总的来说，优质资源的建设与开发为泰国鲁班工坊的日常运营提供了重要保障，也进一步明确并完善了标准体系，促成了泰国鲁班工坊的规范化运作，这对于泰国鲁班工坊的高质量建设而言有着十分重要的意义。

---

① 吕景泉，耿洁，芮志彬，崔鹏. 工程实践创新项目（EPIP）教学模式应用研究——以高速铁道技术类专业与课程建设为例［J］. 天津职业院校联合学报，2020，22（10）：3-7.

# 第八章
# 泰国职业教育的未来发展趋向

泰国职业教育发展至今，有传承，也有创新，并初步构建起了开放、包容的职业教育体系。虽然在泰国传统观念的影响下，职业教育对学生的吸引力相对于普通教育而言较弱，但随着近年来泰国重大国家战略对高质量职业教育的需求日益提升，泰国职业教育也迎来了发展的重要契机。尤其是在"泰国4.0"战略、东部经济走廊计划、中泰职业教育深度交流合作等背景下，泰国职业教育在对接产业、服务经济、走向国际等方面都拓展出了提升质量的新渠道。在这样的背景之下，总结泰国职业教育的特色优势，分析泰国职业教育在新时期发展当中面临的问题挑战，有助于更加精准地把握未来泰国职业教育提质培优的发展方向，也能够让泰国职业教育更好地服务国家重大战略，服务经济社会发展，切实提升泰国整体的综合国力。

## 第一节　泰国职业教育的特色优势

多年以来，泰国职业教育在政策的推动下，始终坚持为国家服务的总体方向，在长期的实践、改革、发展中积累了丰富的经验，同时也体现出了自身的特色优势。

# 一、体制机制建设较为健全

泰国职业教育的体制机制涉及很多层面，包括类型结构、层次结构、标准体系、管理机制、运行机制、保障机制、评估体系等一系列内容。目前，泰国职业教育整体的体制机制是比较健全的，这一特征主要表现在以下三个方面。

第一，泰国职业教育类型与层次相对比较完整。从类型上来看，泰国职业教育包括了正规教育、非正规教育和双元制教育。在正规教育体系内，中等职业教育、高等职业教育和本科层次职业教育的层次特征都十分鲜明，各层次的正规教育都涉及单独的毕业证书或文凭。在非正规教育体系内，各类培训相对比较健全：在中等职业教育层次，涉及夜课类的技术培训项目、一些非正规的技术培训项目，以及远程教育的相关项目；在其他层次的职业教育中，涉及各种类型的短期课程培训项目，也呈现出了十分丰富的非正规职业教育内容。在双元制教育体系内，学习者通过工学交替的形式在学校和企业之间交替学习，理解技术知识，掌握技术技能，也是高质量职业教育实施的一种形式。近年来，泰国越来越重视双元制职业教育的模式，尤其是在职业教育委员会的引导下，泰国职业院校积极引入德国双元制课程，学习德国经验，并在这种模式的引导下不断提升职业教育人才培养的适应性。

第二，泰国职业教育的管理机制比较成熟。在职业教育委员会的领导下，依据《国家教育法》，将教育的实施和管理权力下放给地方政府和职业教育机构，职业教育委员会主要负责整体的统筹管理工作，形成了"中央—地方"的联动机制。在权力下放的过程中，能够更加清楚地了解各地区的经济社会发展现状以及产业特色优势情况，这对于职业教育立足地方特色办学而言是十分重要的。同时，职业教育委员会下设的 11 个职能部门各司其职、分工协作，保障了泰国职业教育体系的顺畅运行。此外，职业教育委员会积极协同其他职业教育相关部门（如泰国劳工部等）形成部门协同效应，为泰国职业教育的发展提供了"跨界"的顶层设计支撑。

第三，泰国职业教育的标准体系、保障机制和评估机制比较健全。以国家资历框架为基础的标准体系，为各级各类职业教育的人才培养质量规格提供了标准化的参考，也为各层次的技术技能人才描述了基本能力标准。内部质量保障体系、外部质量保障体系及多元化的评估机制，都在一定程度上进一步充实了泰国职业教育的体制机制。辅以相对比较稳定的经费保障机制，共同为泰国职业教育的正常运行奠定了坚实的基础。

在相对比较健全的体制机制的保障下，泰国职业教育体系的整体运行是比较顺畅的，在长期相对稳定的发展趋势下，泰国职业教育的质量也得到了长足的提升，尽管在世界范围内还很难和德国等职业教育发达的国家相比，但其与泰国经济社会的发展之间已经形成相辅相成的关系，并将持续保持。

## 二、着力服务国家重大战略

自1932年泰国新政体成立以来，泰国职业教育始终面向国家需求、服务国家重大战略，为泰国的经济社会发展和产业转型升级做出了重要贡献。在新政体成立之际，一方面为了维护新政体的稳定，另一方面也为了推进全民教育进程，泰国政府开始重视职业教育与国家经济社会发展之间的关系，并期望职业教育能够成为推进经济社会发展、普及全民教育的重要途径，同时有助于进一步巩固政权。1960年，泰国政府开始发布各种教育规划、国家发展规划，职业教育重振泰国社会的作用也就凸显了出来，职业教育开始逐步和各种国家层面的战略规划紧密结合在一起。

时至今日，泰国职业教育最主要的战略服务目标是"泰国4.0"战略。"泰国4.0"战略要求泰国经济发展转向创新驱动，这对职业教育技术创新与应用提出了更高的要求。同时，"泰国4.0"战略明确提出泰国未来发展的十大重点产业领域，职业教育作为助力产业转型升级的重要资源，必然要面向这些重点产业领域扩大人才培养规模、提升人才培养质量，尤其是在数字化领域。

泰国职业教育历来有服务国家重大战略的基因，在当今时代，泰国职业教育瞄准"泰国4.0"战略的发展需求，对接重点产业领域，提升技术创新能力，坚持高质量人才培养，为泰国经济社会发展注入创新动能。这也是泰国职业教育在新时期的社会使命。

当然，除"泰国4.0"战略以外，泰国职业教育也积极对接国家经济社会发展和教育事业发展的重大战略规划，完善资历框架体系，与普通教育以及劳动力市场实现融通，为泰国职业教育实现职普融通、完善资历转换、对接国际标准、加强国际流动奠定基础，助力泰国整体的经济社会发展和教育事业发展。

## 三、坚持对接行业产业需求

产教融合、校企合作始终是职业教育的特色，也是职业教育高质量发展的灵魂。泰国职业教育高度重视实践性，倡导双元制的职业教育模式，提倡学生通过校企合作的方式来完成职业教育项目，让学生真正能够学到职业岗位所需的技术知识，并接触技术实践。在精准对接行业产业需求方面，即使还没能做到完全对接，但至少泰国在开展职业教育项目的过程中已经有了这方面的意识。具体而言，泰国职业教育始终坚持对接行业产业需求主要表现在以下三个方面。

第一，职业教育标准对接行业产业的技能标准。从泰国国家资历框架的知识、技能以及理想型特征三个维度的描述中可以看出，知识维度重点强调掌握技术知识以及生产安全方面的知识，技能维度直接对接行业产业的标准，理想型特征则重点强调职业精神和应用能力。由此可见，这些标准实质上就是依据行业产业对人才的需求来设定的。当然，在实际中，泰国职业教育所培养出的人才与行业产业的需求之间尚存在着一定的差距，但从观念上，泰国已经在持续推动行业产业标准融入职业教育、完善职业教育人才培养的标准体系、健全国家资历框架体系，并且已经取得了一定的成效。

第二，专业设置对接重点行业产业领域需求。泰国职业教育的专业主要覆盖了工业领域、工商管理与商业领域、艺术与手工艺领域、家政领域、农业贸易领域、渔业领域、旅游业领域、纺织业领域、信息技术领域、娱乐与音乐产业领域以及其他领域。泰国强调将教育权力下放至地方，其实也是因为地方政府和教育机构更了解其所在区域的产业特色和优势，以及区域发展的需求。因此，在实际操作中要根据区域的资源特色与优势、劳动力市场的需求来设置职业教育专业，尤其是要在"泰国4.0"战略的指引下，瞄准十大重点产业领域，针对当今时代产业转型升级的需求，设置能够服务产业转型升级的专业，以确保其能够直接对接区域行业产业的发展需要。

第三，人才培养适应劳动力市场的需要。在人才培养标准与劳动力市场需求相适应方面，泰国的国家资历框架也能够发挥重要作用，将劳动力市场对人才培养质量规格的要求转化为教育标准体系，并且形成课程体系，通过学习成果的积累和认证，按照劳动力市场的要求来开展相应的学习活动，进而培养出适合劳动力市场需要的技术技能人才，这是泰国职业教育对接行业产业需求的又一大表现特征。

总体来说，泰国职业教育在坚持对接行业产业需求方面有较强的意识，尽管还很难实现完全对接，甚至双方之间还存在着不小的差距，但从泰国职业教育不断发展的历程来看，泰国职业教育在标准建设、专业设置、人才培养方面越来越重视与行业企业的沟通。

## 四、大力推进国际交流合作

国际交流合作是泰国职业教育提质培优的一个重要渠道，也是泰国近年来推动职业教育高质量发展的重要途径。通过引进职业教育相对比较发达的国家的方案、标准、模式、智慧，泰国逐步探索出了适合本国国情的职业教育模式。在国际交流合作方面，泰国与东盟其他国家以及中国之间的合作是比较密切的，与澳大利亚、美国等国家也有一定的合作。泰国积极推进国际交流合作的主要表现如下。

第一，积极探索与东盟其他国家的合作机制。泰国是东盟的重要成员国，《东盟教育工作规划（2016—2020年）》强调要支持职业技术教育与培训的发展，并在东盟区域内推广终身学习，泰国也积极响应东盟政策，参照东盟资历框架标准加快建设泰国国家资历框架，以便于其人才在东盟区域内的自由流动。此外，泰国也积极参加东盟区域内的教育组织，例如东南亚教育部长组织等，主导并参加一系列东盟的职业教育交流合作项目，大大提升了泰国职业教育的国际化水平。

第二，深入推动与中国的职业教育交流合作。中泰职业教育交流合作是泰国职业教育国际化的重要组成部分，主要依托"一带一路"国际产能合作项目，其中比较突出的是"鲁班工坊"和"孔子学院"。泰国鲁班工坊作为世界上首个鲁班工坊，创新探索了"一坊两中心"的建设模式，引入中国职教方案、标准、模式、智慧，助力中泰国际产能合作，既为泰国培养了大量高素质技术技能人才（例如高铁领域），也为其他国家建设鲁班工坊打造了标杆。孔子学院通过"中文＋职业技能"的教育模式，在语言教育的基础上融入了技能要素，提高了交流效率，强化了中泰职业教育合作的实际产出效能。这些都是泰国职业教育国际化发展中的典型项目案例，为泰国职业教育高质量发展提供了重要支撑。

第三，加强与世界其他国家的合作意向与行动。泰国积极探索与世界其他国家的职业教育交流合作，例如和澳大利亚签署了合作备忘录，在美国的支持下建设学校，等等。在广泛寻求国际交流合作的过程中，泰国不断引入国际职业教育先进资源，学习国际职业教育先进模式，进一步提升了泰国职业教育的质量。

总体来看，广泛开展职业教育国际交流合作是泰国近年来在职业教育领域的重点任务，在与其他国家积极开展职业教育交流合作的过程中，泰国职业教育质量也得到了显著提升。

# 第二节　泰国职业教育的问题挑战

经过长期的发展，泰国职业教育取得了一定的成效，但同时也存在一些问题、面临一定的挑战。尤其是在数字化转型的时代背景下，错综复杂的国际形势、日新月异的技术水平、高速发展的产业体系以及创新驱动的经济模式等，对于泰国职业教育而言既是挑战，也是机遇。在新时期，精准把握泰国职业教育所面临的机遇和挑战，是实现泰国职业教育高质量发展的重要前提。

# 一、社会认可度相对较低

泰国职业教育历经多年发展，形成了一定的规模，也取得了一定的成效，无论是在教育体系内部，还是在助力泰国经济社会发展方面，都发挥着十分重要的作用，泰国政府也进一步提出了要扩大职业教育规模的想法。尽管政府高度重视职业教育，在国家重大发展战略中也凸显了职业教育的重要地位，然而从整个社会的角度来看，泰国职业教育的社会认可度相对较低，这也成为制约泰国职业教育发展的一个重要因素。具体来看，泰国职业教育社会认可度低主要体现在以下三个方面。

第一，受到泰国传统社会观念的影响，人们对职业教育的偏见一直未能消除。自素可泰王朝成立以来，传授技艺的职业教育一直都比较容易受到轻视。在素可泰王朝时期，教育和社会阶层的划分与固化是联系在一起的，王公贵族子弟普遍接受宫廷教育，学习通识性的知识以及统治权术等，宫廷教育中体现的是一种通识教育、学术教育的理念；平民家庭的子女则是通过非正式的家庭教育学习家族传承下来的技艺，包括一些农耕技巧等，并且在家庭教育的过程中维系亲属之间的关系，或者也可以接受寺院教育，学习一些简单的手工艺，并且接受一些礼仪教育，这两类教育都有职业教育的影子。在这两种截然不同的教育模式下，宫廷教育和寺院教育或家庭教育之间很难有交集，再加上两种教育面向的对象阶层不同，所培养的目标阶层也不同，这就加剧了阶层固化，同时也在泰国社会中形成了这样一种观念：职业教育是一种次等教育，接受普通教育、通识教育及学术教育才能够进入更高的社会阶层。显然，这种观念对职业教育是很不利的。

第二，在职业教育正式成为泰国国家教育体系的组成部分时，管理机制的落后也间接反映出社会对职业教育的观念。1936年，职业教育正式成为泰国国家教育体系的一部分，当时普通教育是由泰国教育部下属的普通教育司管辖，而职业教育则是由泰国教育部下属的课程与教学开发司下属的职业教育处进行管理，也就是说，此时职业教育的管理体制本身处于相对比较弱势的地位。虽然这种情况并没有持续很久，但也能间接反映出长期以来泰国社会各界对职业教育是不重视的。

第三，直到今天，泰国职业教育依旧存在着一定的质量问题，人才培养经常无法达到劳动力市场的要求，这也助长了泰国民众对职业教育的负面印象。在实践中，泰国劳动力市场对高素质技术技能人才的需求量其实是比较大的，然而泰国职业教育与培训所培养出来的学生往往与雇主的需求不符，这就进一步加剧了泰国民众对职业教育的质疑，在这样的前提下，社会对泰国职业教育的认可度必然不会太高。

## 二、专业结构布局不均衡

近年来，泰国职业教育的发展一直与泰国经济社会发展、产业转型升级以及重大战略规划紧密相关，说明泰国政府在职业教育发展的过程中有产教融合的意识，有专业对接产业的想法。泰国政府始终强调职业教育的人才培养要与劳动力市场的需求对接、职业教育的专业设置要和重点行业产业领域相对应，但在实际职业教育人才培养的过程中，这种有效的对接关系却难以实现，甚至在多个维度都体现出了不均衡、不对应的特征。具体而言，泰国职业教育专业结构布局的不均衡主要体现在以下三个方面。

第一，泰国职业教育和普通教育在规模上仍有一定的差距。在高中教育阶段，接受职业教育的学生在全部学生中占比约为35%，而在中学后教育阶段，接受职业教育的学生在全部学生中占比约为20%。也就是说，在这两个教育阶段，职普比分别为1:2和1:4，职业教育的规模与普通教育相比仍然有不小的差距。不过，泰国政府认识到了职业教育与培训可以为泰国经济社会发展提供所需要的技术技能要素，因此大力倡导提高职业教育学生的比例。泰国政府发布的《国家教育计划（2017—2036年）》指出，职业教育与普通教育学生数量的比例要提高到60:40，即3:2。显然，无论是高中教育阶段还是中学后教育阶段，职业教育学生所占比例距计划要求都有一定的差距，这就导致人才培养至少在数量上难以满足经济社会发展的需求。

第二，各专业的招生人数和劳动力市场的需求人数之间不匹配。泰国职业教育的专业主要覆盖工业领域、工商管理与商业领域、艺术与手工艺领域、家政领域、农业贸易领域、渔业领域、旅游业领域、纺织业领域、信息技术领域、娱乐与音乐产业领域以及其他领域。从招生数据来看，中等职业教育和高等职业教育（专科）的招生主要集中在工业、工商管理与商业这两个专业，在所有专业的学生中分别占比约50%和35%，男性选择工业、女性选择工商管理与商业的学生占比均为70%—75%，专业布局严重失衡。事实上，劳动力市场对其他专业人才的需求量非常大，例如信息技术在中等职业教育阶段的招生数仅占1%，远远不能满足劳动力市场的需求。

第三，部分专业领域的课程内容标准与实际的工作岗位标准不匹配。有很多职业院校虽然根据劳动力市场的需求设置了对应的专业、开发了相应的课程体系，但其学习内容相对比较滞后，并不符合实际工作岗位的要求。学校和劳动力市场的标准不一致，导致职业教育培养出的人才无法满足劳动力市场的要求，实质上就意味着职业教育人才培养质量未能达标。甚至有实证研究表明，在参与测试的约1 000名泰国职业教育学生中，仅有大约2%的学生能够通过逻辑思维和分析能力测试，其他学生都很难适应劳动力市场的职业生涯发展节奏。[1]

## 三、师资队伍建设有待完善

根据泰国教育部公布的信息，泰国职业教育的教师与学生的比例是4∶100，很显然职业教育领域的师资是比较匮乏的。这种匮乏不仅表现为数量的稀少，同时也表现为质量的不足，这一方面和职业教育领域对师资队伍跨界能力的要求有关，另一方面也和现有体制无法保障职业教育师资队伍的利益有关。具体而言，泰国职业教育师资匮乏主要体现在以下三个方面。

第一，同时具备理论教学能力和实践教学能力的"双师型"教师比较

---

[1] Pongsuwat Sermsirikarnjana, Krissana Kiddee, Phadungchai Pupat. An Integrated Science Process Skills Needs Assessment Analysis for Thai Vocational Students and Teachers [ J ]. Asia-Pacific Forum on Science Learning and Teaching, 2018（2）: 3-4.

匮乏。和普通教育不同，职业教育既要重视理论教学，也要强化实践教学。一般情况下，职业教育的教学活动都是通过校企合作的模式，在理论知识的传授和实践技能的训练方面共同着手。从泰国《职业教育法》对职业教育教师的要求来看，职业教育的教师或具备丰富的实践经验和技术技能，或同时具备理论教学能力和实践教学能力，或是本专业领域的专家。这些要求其实并不容易达到，尤其是"理实一体"的要求对于普通教师而言是有一定难度的。

第二，校企双方共同建设师资队伍的机制不够成熟。"双师型"教师的要求相对比较高，但通过常规的校企合作模式，由职业院校教师教理论知识，由企业导师教实践技能，其实也能够满足职业教育的教学要求，这也是世界上很多国家目前正在采用的职业教育校企合作模式。泰国近年来在积极学习德国双元制的基础上，大力倡导泰国职业教育采用双元制的模式，希望开展更加深入的、实质性的校企合作，尤其是在师资队伍组建方面，希望能够融入企业力量，形成校企合力。但目前来看，校企双方共同组建师资团队的机制不够成熟，仍未形成"院校教师＋企业导师"的双导师队伍，这对职业教育教学质量也有一定的影响。

第三，职业教育教师缺少行之有效的激励机制。尽管工资待遇并不是唯一的教师激励手段，但不可否认的是，工资待遇在教师激励方面能够发挥非常重要的作用。联合国教科文组织《关于教师地位的建议》中明确提出："在影响教师地位的诸因素中，应格外重视工资。因为如同其他专门职业一样，除工资以外的其他要素，诸如给予教师的地位或尊敬、对教师任务重要性的评价等，都很大程度上依赖于教师的经济地位"。泰国对职教教师能力的要求较高，例如"高职院校的教师不仅需要持有教师资格证，更需要具备过硬的专业知识和技能"[1]，从这一能力要求上来看，职教教师也能够从事其他行业（例如制造业）的部分生产工作。而从泰国2022年不同产业领域国民收入情况的统计数据来看，教师行业的总收入（约 3 413.54 亿泰铢）相较于工业产品制造（约 28 683.41 亿泰铢）等其他行业领域而言较低，所以有很多符合教师条件的优质毕业生由于工资待遇

---

[1] 阚阅，徐冰娜．泰国教育制度与政策研究［M］．北京：人民出版社，2020：233.

的原因更倾向于选择其他行业领域的职位，职业院校的教师，尤其是没有正式编制的教师的离职率也较高。近年来，职业教育教师的人数呈现下降趋势，职业教育领域没有能够留住优质师资的激励机制，就导致职业教育的师资愈发匮乏。

# 第三节　泰国职业教育的提质方向

在精准把握泰国职业教育目前面临的问题和挑战的基础上，可以针对性地明确泰国职业教育未来改革发展的关键任务和提质培优的攻关方向。

## 一、着力塑造职业教育优质社会形象

泰国社会长期存在轻视职业教育的现象，从长远来看，对培养高素质技术技能人才、促进经济社会健康持续发展是十分不利的。因此，首先要设法改变泰国民众对职业教育的传统印象，让民众能够深刻认识到职业教育对于泰国经济社会发展的重要意义，进而能够从心里接受职业教育、认可职业教育，这是泰国推动职业教育高质量发展十分重要的社会基础。具体而言，要重新塑造职业教育优质的社会形象，须从以下三个方面着手。

第一，加强职业教育内涵建设，提升泰国职业教育质量。质量是职业教育的生命线，也是职业教育能够取得民众广泛认可的根本前提。德国职业教育享誉全球，是世界各国学习参考的典范，德国职业教育体系之所以能够得到广泛认可，不仅仅是因为德国普遍重视技能的社会文化氛围，根本原因还在于其职业教育质量。德国职业教育从来都不是一个"次等"选择，它以双元制为基础，德国企业积极参与校企合作，对人才培养进行严格把关，职业教育的人才培养质量得以大大提升，并因此得到了社会的广泛认可。由此可见，要想改变泰国民众一直以来对职业教育的负面印象，就必须加强职业教育内涵建设，提升职业教育质量。要提升职业教育质量，就要抓住产教融合、校企合作，因为职业教育是跨界的教育，只有将产业元素深度融入职业教育体系中，才能够更好地完善职业教育标准，提升人才培养质量。

第二，完善职业教育治理体系，提升职业教育治理能力。职业教育提质培优离不开多元主体的参与，政府、企业、职业院校等必须成为职业教育的重要办学主体，形成职业教育多元共治的良好局面。同时，要充分挖掘政府、企业、职业院校在职业教育办学过程中的优势资源，形成优势资源的联结效应，并实现优势资源的创生，为职业教育发展提供强有力的资源保障。此外，也要加强职业教育制度体系建设，规范职业教育运行机制，完善职业教育治理模式，以规范的标准、权威的制度、多元的主体、恰当的能力来共同提升职业教育质量。

第三，广泛宣传并树立职教强国、技能兴邦的新职业教育观。为了改变泰国传统观念中对职业教育的负面印象，需要持续帮助泰国民众树立职教强国、技能兴邦的新职业教育观，通过广泛的宣传，让泰国民众了解职业教育在促进经济社会发展、助力"泰国4.0"战略等方面所起到的重要作用，以及在解决就业等民生问题、实现社会繁荣等方面的重要价值。另外，可以多组织一些技能竞赛、职业教育展览等活动，帮助民众更加清楚地认识到新时代的职业教育是一个优质的选择，树立起人们对职业教育的信心，进而让更多人愿意选择接受职业教育。

## 二、持续推进职业教育对接行业产业

产教融合、校企合作始终是职业教育提质培优的关键举措，职业教育自身的跨界属性决定了不能只靠职业院校或者只靠企业来办职业教育，否则，即使能办，也难以办好。办职业教育，必须要跨越教育和产业的疆界，将教育界和产业界的元素充分融合在一起。泰国一直以来都高度重视职业教育与行业产业的对接，始终将职业教育融入国家发展的重大战略规划中。泰国职业教育发展还要进一步深化与行业产业的对接关系，形成产业、行业、企业、职业、专业"五业联动"机制。具体而言，持续推进职业教育对接行业产业要从以下三个方面入手。

第一，扩大职业教育规模。泰国《国家教育计划（2017—2036年）》

明确提出，要把职业教育和普通教育学生数量的比例提高到 60∶40，这是在充分考虑"泰国 4.0"战略以及泰国产业结构对高素质技术技能人才的需求的基础上提出的。目前，泰国很多行业领域高素质技术技能人才紧缺，为了促进产业转型升级、推动经济社会健康发展，必然要扩大职业教育规模，使其能够先在数量上满足泰国行业产业对职业教育的需求。也就是要先走规模化发展的道路，之后可以根据实际的产业需要，再对规模、专业布局以及质量做更高的要求。

第二，优化职业教育专业布局，尤其在人才紧缺的重点产业领域要扩大专业培养规模。当前泰国职业教育的专业布局并不合理，未能根据实际的产业结构进行专业规模的安排，导致很多重点产业领域急缺人才，但却没有相应的职业教育专业为之培养人才，例如信息技术、法律、公共卫生等专业。因此，必须进一步明确泰国产业结构，以及各行业领域对人才数量、质量的要求，实现精准化的产教对接。尤其是在"泰国 4.0"战略提出的十大重点产业领域，更要精准把握人才紧缺情况，做出针对性的专业布局调整。

第三，推动工作内容标准向课程教学标准转化。泰国目前在技术技能人才的培养方面，还没有完全实现专业与产业的对接以及人才与岗位的对接。为了确保职业教育培养出的技术技能人才能够适应企业岗位的要求，必须把行业的标准、企业的标准、岗位的标准落实到教育体系中，形成实际的人才培养标准、课程教学标准等。因此，需要由泰国相关部门牵头，组织各行业领域的学术专家、技能大师，共同将产业界的标准按照教育教学的逻辑移植到职业教育体系中。

## 三、重点研制职教师资队伍建设标准

职业教育师资的匮乏在很大程度上制约了泰国职业教育的提质培优，因此，师资队伍的建设已经成为泰国职业教育发展的重点任务。扩大职业教育师资队伍规模，研制职业教育师资队伍标准，提升职业教育师资队伍质量，都是当下泰国职业教育发展中的迫切需求。而要研制职教师资队伍建设标准、提升职教师资队伍建设质量，可从以下三个方面入手。

第一，引进、研制双管齐下，完善"双师型"教师培养培训标准。既能进行理论教学又能开展实践教学的"双师型"教师，是符合职业教育教学特征的教师类型，也是泰国目前缺乏的教师类型。为了在泰国职业教育体系中加入"双师型"教师，可以通过借鉴国外先进经验并结合本土特色研制"双师型"教师标准的方法，结合国际化和本土化的特色优势，共同完善"双师型"教师的标准体系，以便于未来实现泰国职业教育"双师型"教师的标准化培养。当然，"双师型"教师标准的研制不是一劳永逸的，还要随着技术的不断发展，持续对当下的标准体系进行研判，分析其中是否存在可以进一步完善的内容，持续推进"双师型"教师标准能够适应最新的产业发展需求。

第二，积极吸纳企业导师加入师资队伍。目前虽然积极倡导培养或认证"双师型"教师，然而理想的"双师型"特征对教师素质要求较高，只靠"双师型"教师组建师资队伍的难度相对较大，因此一种可行的方式是让师资队伍整体具备理论教学和实践教学两方面的能力，即通过职业院校的理论教学教师和企业的技术导师共同教学的形式来实现理论知识教学和实践技能训练。直接培养"双师型"教师是有一定难度的，而采用双导师模式的实际教学效果并不比"双师型"教师的教学效果差，因此可以通过校企合作的形式，将职业院校教师和企业的专业技术人员结合起来，各取所长。为此，需要进一步拓展校企合作渠道，大力推行双元制教育模式，积极引进企业导师开展实践教学工作。

第三，提升职业教育教师待遇，健全职业教育教师的激励机制。泰国职业教育教师待遇和普通教育教师待遇的差距过于明显，很容易导致职业教育教师产生倦怠感和不平衡的心态，这对于建设高质量的职业教育师资队伍是极为不利的。要想真正留住优质的职业教育教师，首先要提升职业教育教师的基本待遇，与普通教育教师基本持平；其次，由于职业教育教师的特殊性，可以对其中比较优秀的"双师型"教师、技能大师等给予相应的激励，以提高职业教育师资队伍的积极性，进一步激发职业教育教师队伍自我成长的意识，这对于提升泰国职业教育质量有着十分重要的价值。

# 参考文献

## 中文文献

[1] 恩格斯. 路德维希·费尔巴哈和德国古典哲学的终结 [M]. 中共中央马克思恩格斯列宁斯大林著作编译局，编译. 北京：人民出版社，2014.

[2] 陈晖，熊韬. 泰国概论 [M]. 广州：世界图书出版广东有限公司，2012.

[3] 陈晖，熊韬，聂雯. 泰国文化概论 [M]. 广州：世界图书出版广东有限公司，2014.

[4] 段立生. 泰国通史 [M]. 上海：上海社会科学院出版社，2014.

[5] 金永伟，杨延. 2020 年鲁班工坊建设与发展报告 [M]. 天津：天津人民出版社，2020.

[6] 阚阅，徐冰娜. 泰国教育制度与政策研究 [M]. 北京：人民出版社，2020.

[7] 李化树. 建设欧洲高等教育区（EHEA）——聚焦博洛尼亚进程 [M]. 北京：人民出版社，2013.

[8] 李枭鹰，等. 中国－东盟高等教育区域性合作研究 [M]. 桂林：广西师范大学出版社，2015.

[9] 李枭鹰，唐敏莉. 泰国高等教育政策法规 [M]. 桂林：广西师范大学出版社，2013.

[10] 刘宝存，等. "一带一路"沿线八国国际教育合作与交流政策研究 [M]. 北京：人民出版社，2020.

[11] 鲁鹏. 制度与发展关系研究 [M]. 北京：人民出版社，2002.

[12] 路易丝·莫利. 高等教育的质量与权力 [M]. 罗慧芳，译. 北京：北京师范大学出版社，2008.

[13] 吕景泉. 鲁班工坊解析 [M]. 北京：中国铁道出版社，2021.

［14］吕景泉，于兰平，黎志东. 世界上首个鲁班工坊——泰国鲁班工坊研究［M］. 北京：外语教学与研究出版社，2023.

［15］马克思恩格斯选集：第1卷［M］. 中共中央马克思恩格斯列宁斯大林著作编译局，编译. 北京：人民出版社，1972.

［16］马克思恩格斯文集：第5卷［M］. 中共中央马克思恩格斯列宁斯大林著作编译局，编译. 北京：人民出版社，2009.

［17］石筠弢，等. 泰国文化教育研究［M］. 北京：外语教学与研究出版社，2023.

［18］田禾，周方冶. 泰国［M］. 北京：社会科学文献出版社，2005.

［19］杨延. 鲁班工坊建设标准研究［M］. 北京：中国铁道出版社，2022.

［20］赵文平，李向东. 职业教育学新编：第4版［M］. 北京：高等教育出版社，2022.

［21］张清玲. 泰国教育研究［M］. 南宁：广西教育出版社，2023.

［22］中国－东盟中心. 东盟国家教育体制及现状［M］. 北京：教育科学出版社，2014.

［23］陈倩倩，赵惠霞. "一带一路"视角：泰国高等教育的国际化范式与启示［J］. 西部学刊，2019（6）：9-17.

［24］杜继明，董文娟. 泰国职业教育与培训投资机制、特征及经验借鉴［J］. 职教论坛，2021（10）：158-165.

［25］杜英俊，杨满福. 泰国职业教育发展概况及启示［J］. 当代职业教育，2018（5）：107-112.

［26］郭建民，郑懋. 开展国际产能合作评价指标体系及实证研究［J］. 宏观经济研究，2019（9）：80-87+101.

［27］黄娥，贾利帅，程东亚. 泰国国家资格框架发展历程、经验与思考［J］. 成人教育，2020（1）：80-87.

［28］黄蘋，陈时见. 新时代职业教育校企命运共同体的内涵特征与实现路径［J］. 教育科学，2020（2）：76-81.

［29］蓝洁，唐锡海. "一带一路"倡议下职业教育服务国际产能合作

的行动与展望［J］. 中国职业技术教育，2018（6）：5-12.

［30］李林娱. "泰国4.0"战略下的职业教育发展：路径、特点及趋势［J］. 职业技术教育，2022，43（12）：69-74.

［31］李云龙，赵长峰，马文婧. 泰国数字经济发展与中泰"数字丝绸之路"建设［J］. 广西社会科学，2022（6）：48-56.

［32］刘聪，赵红. 我国海外鲁班工坊高质量发展：实然审视与应然向度［J］. 教育与职业，2023（12）：101-105.

［33］刘利利，李琛. 泰国职业教育发展的问题、对策及对我国的启示［J］. 西部学刊，2019（9）：15-19.

［34］刘作翔. 当代中国的规范体系：理论与制度结构［J］. 中国社会科学，2019（7）：85-108.

［35］米靖，王珩安. 中国职业教育国际话语权的历史嬗变与时代趋向［J］. 现代教育管理，2023（1）：99-107.

［36］宋晶. 泰国职业教育的现状与发展趋势［J］. 深圳职业技术学院学报，2018（3）：78-82.

［37］睢川. 鲁班工坊的发展经验及对职业教育国际话语体系建设的启示［J］. 教育与职业，2023（9）：43-50.

［38］王海东，邓小华. 亚洲国家资历框架建设进展比较与经验借鉴［J］. 终身教育研究，2019，30（6）：27-34.

［39］吴福象. 中国推进国际产能合作的原则与实践方向［J］. 国家治理，2018（40）：2-6.

［40］吴雪萍，王文雯. 东盟职业技术教育区域化发展：基于FOPA模型的分析［J］. 中国高教研究，2018（6）：103-108.

［41］吴应辉，梁宇. 交叉学科视域下国际中文教育学科理论体系与知识体系构建［J］. 教育研究，2020，41（12）：121-128.

［42］杨延，王岚. 中国职教"走出去"项目"鲁班工坊"国际化品牌建设研究［J］. 中国职业技术教育，2021（12）：124-127+136.

［43］于兰平，申奕，黎志东. 世界首个鲁班工坊——泰国鲁班工坊研究［J］. 职业教育研究，2022（12）：5-9.

［44］张磊，吕景泉. 鲁班工坊本土师资能力建设：内涵、逻辑要素与行动［J］. 中国职业技术教育，2023（17）：5-11.

［45］郑佳. 泰国高校国际学生流动的原因、路径及特点［J］. 比较教育研究，2014，36（11）：85-91.

［46］钟富强，高瑜. 国际产能合作视角下国际化技术技能人才培养的战略要义与实施路径［J］. 中国职业技术教育，2021（7）：58-65.

［47］周谷平，阚阅.“一带一路”战略的人才支撑与教育路径［J］. 教育研究，2015，36（10）：4-9+22.

［48］韩硕. 泰国职业教育紧盯国情和市场（职业教育在国外）［N］. 人民日报，2013-08-05（22）.

［49］中华人民共和国中央人民政府. 中泰关于建立全面战略合作伙伴关系的联合声明［EB/OL］.（2012-04-19）［2023-06-15］. https://www.gov.cn/jrzg/2012-04/19/content_2117598.htm.

# 外文文献

［1］ASEAN. ASEAN Charter［M］. Singapore：ASEAN，2007.

［2］Chalio Buripakdi and Pratern Mahakhan. Thailand［M］. Oxford：Pergamon Press，1980.

［3］Churairat Sangboonnum. Vocational Education Development：Lessons from Thailand［M］. Yangon：United Nations Information Centre，2013.

［4］OECD/UNESCO. Education in Thailand：An OECD/UNESCO Perspective［M］. Paris：OECD Publishing，2016.

［5］Office of the Education Council. Education in Thailand［M］. Bangkok：Ministry of Education，2017.

［6］Paralee Maneerat，Kanchit Malaivongs，Jintavee Khlalsang. Maturity level of Thai qualifications framework for higher education based on capability maturity model integration［J］. International

Academic Conference, Rome, 2015 (15): 681-692.

[ 7 ] Pongsuwat Sermsirikarnjana, Krissana Kiddee, Phadungchai Pupat. An Integrated Science Process Skills Needs Assessment Analysis for Thai Vocational Students and Teachers [ J ]. Asia-Pacific Forum on Science Learning and Teaching, 2018 (2): 3-4.

[ 8 ] Rawat Garchotechai, Supachada Tulwatana, Varapatra Naulsom. Thailand Professional Qualification Framework: Are Necessarily Good Policy Practice, Especially for Aviation Personnel? [ J ]. Kasem Bundit Journal, 2018 (19): 410-421.

[ 9 ] Serenella Caravella, Francesco Crespi. Unfolding Heterogeneity: The Different Policy Drivers of Different Eco-Innovation Modes [ J ]. Environmental Science & Policy, 2020 (114): 182-193.

[ 10 ] National Economic and Social Development Board. The Twelfth National Economic and Social Development Plan [ R ]. Bangkok: National Economic and Social Development Board, Office of the Prime Minister, 2016.

[ 11 ] OECD Library. Vocational Education and Training in Thailand [ EB/OL ]. [ 2023-03-17 ]. https://www.oecd-ilibrary.org/docserver/cc20bf6d-en.pdf?expires=1728910747&id=id&accname=guest&checksum=F7855DCAC9C68C798EDAAA7E0E1D6181.

[ 12 ] UNESCO-UNEVOC. TVET Country Profiles: Thailand [ EB/OL ]. [ 2023-10-10]. https://unevoc.unesco.org/home/Dynamic+TVET+Country+Profiles/country=THA.

[ 13 ] National Qualifications Framework (Thailand NQF) [ R/OL ]. [ 2023-05-15 ]. http://das-af.sut.ac.th/2020/download/NQF.pdf.

[ 14 ] ASEAN University Network. China-AUN Scholarship [ EB/OL ]. [ 2023-06-03]. https://www.aunsec.org/aun-action/scholarships.

[ 15 ] UNESCO Institute for statistics. Outbound internationally mobile students by host region [ EB/OL ]. [ 2023-06-17 ]. http://data.uis.unesco.org.